中国社会科学院近代史研究所
民国文献丛刊

胡 适 等著

丁文江这个人

中华书局

图书在版编目（CIP）数据

丁文江这个人/胡适等著. —北京:中华书局,2014.8
（中国社会科学院近代史研究所民国文献丛刊）
ISBN 978 - 7 - 101 - 10176 - 8

Ⅰ.丁…　Ⅱ.①胡…②翁…　Ⅲ.丁文江（1887～1936）–纪
念文集　Ⅳ.K826.14 – 53

中国版本图书馆 CIP 数据核字（2014）第 105255 号

书　　名　丁文江这个人
著　　者　胡　适　等
丛 书 名　中国社会科学院近代史研究所民国文献丛刊
责任编辑　欧阳红
出版发行　中华书局
　　　　　（北京市丰台区太平桥西里 38 号　100073）
　　　　　http://www.zhbc.com.cn
　　　　　E-mail:zhbc@zhbc.com.cn
印　　刷　北京市白帆印务有限公司
版　　次　2014 年 8 月北京第 1 版
　　　　　2014 年 8 月北京第 1 次印刷
规　　格　开本/920×1250 毫米　1/32
　　　　　印张 8¼　插页 4　字数 150 千字
印　　数　1 – 4000 册
国际书号　ISBN 978 - 7 - 101 - 10176 - 8
定　　价　38.00 元

出版说明

　　文献史料是认识和研究历史的基础，民国史研究自不例外。为了给民国史研究者和爱好者提供史料利用上的便利，我局与中国社会科学院近代史研究所等学术机构合作，推出"民国文献丛刊"。

　　"民国文献丛刊"首批图书中，经台北传记文学出版社授权，列入了原属"传记文学丛书"和"传记文学丛刊"的一些作品，包括《刘汝明回忆录》、《银河忆往》、《逝者如斯集》、《颜惠庆自传》等十九种。

　　由于作品产生的时代背景和作者个人的政治立场的影响，一些作品中存在着比较明显的时代局限和政治色彩，一些个人视角的描述与评论，难免有不符合事实之处，反映了特定历史时期各派政治势力和社会组织之间错综复杂的关系。我们除了作必要的技术处理外，基本保留了作品原貌。希望各位读者在阅读和研究的过程中，着眼于其文献价值，辨析真伪，而获得本真的历史事实。

中华书局编辑部
二〇一四年七月

丁文江的油画像

送適之即之微之擬香山居韻

留君不可君休怒，十日淹留別更難。從此
聽雨深夜廳，海天漠漠不成歡。
逢君每覺青來眼，顧我如今白亂髮。此別
原知句日事，小兒女無未能無。

丁文江赠胡适的诗

明天……

……唱听涛生，从此终生失此乐！

再用元微之赠白香山韵哭在君，不成诗，一月十六夜写此。

胡适用元微之赠白香山原韵哭丁文江的诗

民国三年5月丁文江由川入滇，为猓匪所包围，幸经土司所派之猓猓

向导解释得免于难，事后与猓猓向导合摄此影

丁文江（在君）先生，江苏省泰兴县人。清光绪十三（一八八七）年生。留学日本、英国。曾任地质调查所所长、北京大学教授、中央研究院总干事。民国二十五（一九三六）年一月五日死于湖南长沙。

　　丁先生是《努力周报》与《独立评论》的创办人之一，是民国早期最具新思想与最具干才的科学家。他的意外的去世，使当时的学术界极为震悼。《独立评论》先后刊有二十几篇纪念文，都是非常可读且具有极高的史料价值之作。胡适先生曾根据这些纪念文写成《丁文江的传记》一书，但许多原始材料并没有包括进去。本书是由上述纪念文及以后若干纪念丁氏的文字编辑而成，它的价值与《丁文江的传记》一书，应该是不相上下的。

目
录

二、独立评论第一八九——二一一期部分（民国二十五年二月
　　二十三日——七月二十六日）

一、独立评论第一八八期部分

（民国二十五年二月十七日）

丁文江这个人

胡　适

傅孟真先生的《我所认识的丁文江先生》，是一篇很伟大的文章，只有在君当得起这样一篇好文章。孟真说：

> 我以为在君确是新时代最良善最有用的中国人之代表；他是欧化中国过程中产生的最高的菁华；他是用科学知识作燃料的大马力机器；他是抹杀主观，为学术为社会为国家服务者，为公众之进步及幸福而服务者。

这都是最确切的评论。这里只有"抹杀主观"四个字也许要引起他的朋友的误会。在君是主观很强的人，不过孟真的意思似乎只是说他"抹杀私意"，"抹杀个人的利害"。意志坚强的人都不能没有主观，但主观是和私意私利绝不相同的。王文伯先生曾送在君一个绰号，叫做the conclusionist，可译做"一个结论家"。这就是说，在君遇事总有他的"结论"，并且往往不放松他的"结论"。一个人对于一件事的"结论"多少总带点主观的成分，意志力强的人带的主观成分也往往比较一般人要多些。这全靠理智的训练深浅来调剂。在君的主观见解是很强的，不过他受的科学训练较深，所以他在立身行道的大关节上终不愧是一个科学时代的最高产儿，而他的意志的坚强又使他忠于自己的信念，知了就不放松，就决心去行，所以成为一个最有动力的现代领袖。

在君从小不喜欢吃海味，所以他一生不吃鱼翅鲍鱼海参。我常笑问他：这有什么科学的根据？他说不出来，但他终不破戒。但是他有一次在贵州内地旅行，到了一处地方，他和他的跟人都病倒了。本地没有西医，在君是绝对不信中医的，所以他无论如何不肯请中医诊治，他打电报到贵阳去请西医，必须等贵阳的医生赶到了他才肯吃药。医生还没有赶到，他的跟人已病死了，人都劝在君先服中药，他终不肯破戒。我知道他终身不曾请教过中医，正如他终身不肯拿政府干薪，终身不肯因私事旅行借用免票坐火车一样的坚决。

我常说，在君是一个欧化最深的中国人，是一个科学化最深的中国人。在这一点根本立场上，眼中人物真没有一个人能比上他。这也许是因为他十五岁就出洋，很早就受了英国人生活习惯的影响的缘故。他的生活最有规则：睡眠必须八小时，起居饮食最讲究卫生，在外面饭馆里吃饭必须用开水洗杯筷；他不喝酒，常用酒来洗筷子；夏天家中吃无外皮的水果，必须先在滚水里浸二十秒钟。他最恨奢侈，但他最注重生活的舒适和休息的重要：差不多每年总要寻一个歇夏的地方，很费事的布置他全家去避暑；这是大半为他的多病的夫人安排的，但自己也必须去住一个月以上；他的弟弟、侄儿、内侄女，都往往同去，有时还邀朋友去同住。他绝对服从医生的劝告：他早年有脚痒病，医生说赤脚最有效，他就终身穿有多孔的皮鞋，在家常赤脚，在熟朋友家中也常脱袜子，光着脚谈天，所以他自称"赤脚大仙"。他吸雪茄烟有二十年了，前年他脚趾有点发麻，医生劝他戒烟，他立刻就戒绝了。这种生活习惯都是科学化的习惯；别人偶一为之，不久就感觉不方便，或怕人讥笑，就抛弃了。在君终身奉行，从不顾社会的骇怪。

他的立身行己，也都是科学化的，代表欧化的最高层。他最恨人说谎，最恨人懒惰，最恨人滥举债，最恨贪污。他所谓"贪污"，包括拿干薪，用私人，滥发荐书，用公家免票来做私家旅行，用公家信笺来写私信，等等。他接受淞沪总办之职时，我正和他同住在上海客利饭店，我看见他每天接到不少的荐书。他叫一个书记把这些荐信都分类归档，他就职后，需要用某项人时，写信通知有荐信的人定期来受考试，考试及格了，他都雇用；不及格的，也一一通知他们的原荐人。他写信最勤，常怪我案上堆积无数未覆的信。他说"我平均写一封信费三分钟，字是潦草的，但朋友接着我的回信了。你写信起码要半点钟，结果是没有工夫写信！"蔡孑民先生说在君"案无留牍"，这也是他的欧化的精神。

罗文幹先生常笑在君看钱太重，有寒伧气。其实这正是他的小心谨慎之处。他用钱从来不敢超过他的收入，所以能终身不欠债，所以能终身不仰面求人，所以能终身保持一个独立的清白之身。他有时和朋友打牌，总把输赢看得很重，他手里有好牌时，手心常出汗，我们常取笑他，说摸他的手心可以知道他的牌。罗文幹先生是富家子弟出身，所以更笑他寒伧。及今思之，在君自从留学回来，担负一个大家庭的求学经费，有时候每年担负到三千元之多，超过他的收入的一半，但他从无怨言，也从不欠债；宁可抛弃他的学术生活去替人办煤矿，也不肯用一个不正当的钱。这正是他的严格的科学化的生活规律不可及之处；我们嘲笑他，其实是我们穷书生而有阔少爷的脾气，真不配批评他。

在君的私生活和他的政治生活是一致的。他的私生活的小心谨慎就是他的政治生活的预备。民国十一年，他在《努力周报》第七期上（署名"宗淹"）曾说，我们若想将来做政治生活，应做这几种预备：

第一，是要保存我们"好人"的资格。消极的讲，就是不要"作为无益"；积极的讲，是躬行克己，把责备人家的事从我们自己做起。

第二，是要做有职业的人，并且增加我们职业上的能力。

第三，是设法使得我们的生活程度不要增高。

第四，就我们认识的朋友，结合四五个人，八九个人的小团体,试做政治生活的具体预备。

看前面的三条,就可以知道在君处处把私生活看作政治生活的修养。民国十一年他和我们几个人组织《努力》,我们的社员有两个标准:一是要有操守,二是要在自己的职业上站得住。他最恨那些靠政治吃饭的政客。他当时有一句名言:"我们是救火的,不是趁火打劫的"(《努力》第六期)他做淞沪总办时,一面整顿税收,一面采用最新式的簿记会计制度。他是第一个中国大官卸职时半天办完交代的手续的。

在君的个人生活和家庭生活,孟真说他"真是一位理学大儒"。在君如果死而有知,他读了这句赞语定要大生气的!他幼年时代也曾读过宋明理学书,但他早年出洋以后,最得力的是达尔文、赫胥黎一流科学家的实事求是的精神训练。他自己曾说:

> 科学……是教育同修养最好的工具。因为天天求真理,时时想破除成见,不但使学科学的人有求真理的能力,而且有爱真理的诚心。无论遇见甚么事,都能平心静气去分析研究,从复杂中求简单,从紊乱中求秩序;拿论理来训练他的意想,而意想力愈增;用经验来指示他的直觉,而直觉力愈活。了然于宇宙生物心理种种的关系,才能够真知道生活的乐趣。这种活泼泼地心境,只有拿望远镜仰察过天空的虚漠,用显微镜俯视过生物的幽微的人,方能参领的透彻,又岂是枯坐谈禅妄言玄理的人所能梦见?(《努力》第四十九期,

《玄学与科学》）

这一段很美的文字，最可以代表在君理想中的科学训练的人生观。他最不相信中国有所谓"精神文明"，更不佩服张君劢先生说的"自孔孟以至宋、元、明之理学家侧重内生活之修养，其结果为精神文明"。民国十二年四月中在君发起"科学与玄学"的论战，他的动机其实只是要打倒那时候"中外合璧式的玄学"之下的精神文明论。他曾套顾亭林的话来骂当日一班玄学崇拜者：

> 今之君子，欲速成以名于世，语之以科学，则不愿学，语之以柏格森、杜里舒之玄学，则欣然矣，以其袭而取之易也。

（同上）

这一场的论战现在早已被人们忘记了，因为柏格森、杜里舒的玄学又早已被一批更时髦的新玄学"取而代之"了。然而我们在十三四年后回想那一场论战的发难者，他终身为科学僇力，终身奉行他的科学的人生观，运用理智为人类求真理，充满着热心为多数人谋福利，最后在寻求知识的工作途中，歌唱着"为语麻姑桥下水，出山要比在山清"，悠然的死了——这样的一个人，不是东方的内心修养的理学所能产生的。

丁在君一生最被人误会的是他在民国十五年的政治生活。孟真在他的长文里，叙述他在淞沪总办任内的功绩，立论最公平。他那个时期的文电，现在都还保存在一个好朋友的家里，将来作他传记的人（孟真和我都有这种野心）必定可以有详细公道的记载给世人看，我们此时可以不谈。我现在要指出的，只是在君的政治兴趣。十年前，他常说："我家里没有活过五十岁的，我现在快四十岁了，应该趁早替国家做点事。"这是他的科学迷信，我们常常笑他。其实他对政治是素来有极深的兴趣的。他是一个有干才的人，绝不像我们书生放下了笔杆就无事可办，所以他很自信有替国家做事的能力。他在民国十二年有一篇《少数人的责任》的演讲（《努力》第六十七期），最可以表示他对于政治的自信力和负责任的态度。他开篇就说："我们中国政治的混乱，不是因为国民程度幼稚，不是因为政客官僚腐败，不是因为武人军阀专横；是因为'少数人'没有责任心，而且没有负责任的能力。"

他很大胆的说："中年以上的人，不久是要死的；来替代他们的青年，所受的教育，所处的境遇，都是同从前不同的。只要有几个人，有不折不回的决心，拔山蹈海的勇气，不但有知识而且有能力，不但有道德而且要做事业，风气一开，精神就要一变。"

他又说："只要有少数里面的少数，优秀里面的优秀，不肯束于待毙，天下事不怕没有办法的。……最可怕的是一种有知识有道德的人不肯向政治上去努力。"

他又告诉我们四条下手的方法，其中第四条最可注意。他说："要认定了政治是我们唯一的目的，改良政治是我们唯一的义务。不要再上人家当,说改良政治要从实业教育着手。"

这是在君的政治信念。他相信,政治不良,一切实业教育都办不好。所以他要我们少数人挑起改良政治的担子来。

然而在君究竟是英国自由教育的产儿,他的科学训练使他不能相信一切破坏的革命的方式。他曾说:"我们是救火的,不是趁火打劫的。"其实他的意思是要说:"我们是来救火的,不是来放火的。"照他的教育训练看来,用暴力的革命总不免是"放火",更不免要容纳无数"趁火打劫"的人。所以他只能期待"少数里的少数,优秀里的优秀"起来担负改良政治的责任,而不能提倡那放火式的大革命。

然而民国十五六年之间,放火式的革命到底来了,并且风靡了全国。在那个革命大潮流里,改良主义者的丁在君当然成了罪人了。在那个时代,在君曾对我说:"许子将说曹孟德可以做'治世之能臣,乱世之奸雄';我们这班人恐怕只可以做'治世之能臣,乱世之饭桶'罢!"

这句自嘲的话,也正是在君自赞的话。他毕竟自信是"治世之能臣"。他不是革命的材料,但他所办的事,无一事不能办的顶好。他办一个地质研究班,就可以造出许多奠定地质学的台柱子;他办一个地质调查所,就能在极困难的环境之下造成一个全世界知名的科学研究中心;他做了不到一年的上海总办,就能建立起一个大上海市的政治、财政、公共卫生的现代式基础;他做了一年半的中央研究院的总干事,就把这个全国最大的科学研究机关重新建立在一个合理而持久的基础之上。他这二十多年的建设成绩是不愧负他的科学训练的。

在君的为人是最可敬爱，最可亲爱的。他的奇怪的眼光，他的虬起的德国维廉皇帝式的胡子，都使小孩子和女人见了害怕。他对于不喜欢的人，总是斜着头，从眼镜的上边看他，眼睛露出白珠多，黑珠少，怪可嫌的！我曾对他说："从前史书上说阮籍能作青白眼，我向来不懂得；自从认得了你，我才明白了'白眼对人'是怎样一回事！"他听了大笑。其实同他熟了，我们都只觉得他是一个最和蔼慈祥的人。他自己没有儿女，所以他最喜欢小孩子，最爱同小孩子玩，有时候伏在地上作马给他们骑。他对朋友最热心，待朋友如同自己的弟兄儿女一样。他认得我不久之后，有一次他看见了我喝醉了酒，他十分不放心，不但劝我戒酒，还从《尝试集》里挑出了我的几句戒酒诗，请梁任公先生写在扇子上送给我。（可惜这把扇子丢了！）十多年前，我病了两年，他说我的家庭生活太不舒适，硬逼我们搬家；他自己替我们看定了一所房子，我的夫人嫌每月八十元的房租太贵，那时我不在北京，在君和房主说妥，每月向我的夫人收七十元，他自己代我垫付十元！这样热心爱管闲事的朋友是世间很少见的。他不但这样待我，他待老辈朋友，如梁任公先生，如葛利普先生，都是这样亲切的爱护，把他们当作他最心爱的小孩子看待!

　　他对于青年学生,也是这样的热心:有过必规劝,有成绩则赞不绝口。民国十八年,我回到北平,第一天在一个宴会上遇见在君,他第一句话就说:"你来,你来,我给你介绍赵亚曾!这是我们地质学古生物学新出的一个天才,今年得地质学奖金的!"他那时脸上的高兴快乐是使我很感动的。后来赵亚曾先生在云南被土匪打死了,在君哭了许多次,到处为他出力征募抚恤金。他自己担任亚曾的儿子的教育责任,暑假时带他同去歇夏,自己督责他补工课;他南迁后,把他也带到南京转学,使他可以时常督教他。

　　在君是个科学家,但他很有文学天才;他写古文白话文都是很好的。他写的英文可算是中国人之中的一把手,比许多学英国文学的人高明的多多。他也爱读英、法文学书;凡是罗素、威尔士、J. M. Keynes的新著作,他都全购读。他早年喜欢写中国律诗,近年听了我的劝告,他不作律诗了,有时还作绝句小诗,也都清丽可喜。朱经农先生的纪念文里有在君得病前一日的《衡山纪游》诗四首,其中至少有两首是很好的。他去年在莫干山做了一首骂竹子的五言诗,被林语堂先生登在《宇宙风》上,是大家知道的。民国二十年,他在秦王岛避暑,有一天去游北戴河,作了两首怀我的诗,其中一首云:

峰头各采山花戴，海上同看明月生。

此乐如今七寒暑，问君何日践新盟。

后来我去秦王岛住了十天，临别时在君用元微之送白乐天的诗韵作了两首诗送我：

留君至再君休怪，十日流连别更难。

从此听涛深夜坐，海天漠漠不成欢！

逢君每觉青来眼，顾我而今白到须。

此别原知旬日事，小儿女态未能无。

这三首诗都可以表现他待朋友的情谊之厚。今年他死后，我重翻我的旧日记，重读这几首诗，真有不堪回忆之感，我也用元微之的原韵，写了这两首诗纪念他：

明知一死了百愿，无奈余哀欲绝难！

高谈看月听涛坐，从此终生无此欢！

爱憎能作青白眼，妩媚不嫌虬怒须。

捧出心肝待朋友，如此风流一代无！

这样一个朋友，这样一个人，是不会死的。他的工作，他的影响，他的流风遗韵，是永永留在许多后死的朋友的心里的。

廿五，二，九夜。

我所认识的丁文江先生

傅孟真

丁文江（在君）先生去世，到现在过一个月了。北方的报纸仅《大公报》上有一个认可而悼惜的短评，南方的报纸我所见只有《字林西报》有一篇社论，这篇社论是能充分认识在君行品的。李济之先生说："在君的德行品质，要让英美人去了解。"这是何等可惜的事！我以为在君确是新时代最良善最有用的中国人之代表；他是欧化中国过程中产生的最高的菁华，他是用科学知识作燃料的大马力机器；他是抹杀主观，为学术为社会为国家服务者，为公众之进步及幸福而服务者。这样的一个人格，应当在国人心中留个深刻的印象。所以我希望胡适之先生将来为他作一部传记。他若不作，我就要有点自告奋勇的意思。

论在君立身行事的态度，可以分作四面去看：一、对自己（或应曰律自己）；二、对家族；三、对社会；四、对国家。现在依次叙说一下：

一、在君之律自己，既不是接受现成的物质享受之纨袴子，也不是中世纪修道的高僧。他以为人们没有权利过分享受，因为过分享受总是剥夺别人，同时他也不愿意受苦，因为他觉得受苦的机器是没有很大工作效能的。人要为公众服务而生活，所以服务的效率愈大，生活愈有意义，起居饮食愈少磨擦，服务的效力愈大。我们在此地不可把舒适和华侈看混了。在君很看重舒适，有作用的合理的舒适。他对于朋友的趋于华侈的习惯，却是竭力告戒的。舒适可以减少每日生活中之磨擦性，只要不为舒适所征服，舒适是增加生命力的。譬如，在君若是有机会坐头等车，他决不肯坐二等车，有地方睡安稳的觉，他决不肯住喧闹的旅馆。但是这些考量，这个原则，绝不阻止他到云贵爬高山去看地质，绝不阻止他到黑海的泥路上去看俄国工程，绝不阻止他每星期日率领北大的学生到西山和塞外作地质实习，绝不阻止他为探矿为计画道路，半年的游行荒野中。他平日之求舒适，正是为储蓄精力，以便大大的劳作。他以为人人有要求舒适以便工作的权利，人人都没有享受奢侈，或得到舒适而不动作的权利。在这一个道理上，他不是明显的受英国的"理论急进者"的影响么？虽然他没有这样自己宣传着！

他有两句名言："准备着明天就会死，工作着仿佛像永远活着的。"所以无论在何等疾病痛苦之下，无论在何等艰危的环境中，我总不曾看见他白白的发空愁，坐着忧虑消耗光阴

（不幸得很我便是这样的一个人）。若是他忧虑，他便要把这忧虑立时现为事实，若不能立时现为事实，他决不继续忧虑着。例如他大前年冬天从俄国回来后，觉得身上像有毛病，到协和医院去诊察他的左脚大拇指发麻的症候。他问医生说："要紧不要紧？"医生说："大概不要紧。""能治不能治？"医生说："不能治。"他告我，当时他听到这话便立时放心了。我问他所以然。他说："若是能治，当然要想法子去治，既不能治，便从此不想他好了。"他这次在病危中，除末了一星期不大言语外，以前，虽偶有病人免不了的愤怒，但大体上是高高兴兴专说笑话的。他从不曾问过医生，"我这病有危险没有？"他在病中也从不曾忧虑到任何身内的事。他能畅谈的最后一日，和我所谈的是胡适之先生应该保重他的身体，节约他的用度，是凌鸿勋先生的家庭如何快活，北方大局如何如何。这样的心神安定，有几个宗教大师能做得到？

二、论到在君之对家庭，真是一位理学大儒。他对于他的夫人史久元女士是极其恩爱的。他们两个人的习惯与思想并不全在一个世界中，然而他之护持她虽至新至少年的爱夫妻也不过如此。丁夫人也是一位很可以敬佩的女士，处家，待朋友，都是和蔼可亲，很诚心，很周到的，并且对两方的家庭都是绝对牺牲自己的。她不断的病，在君便伺候了她二十多年的病，不特做她的保护人，并且做她的看护生。他真是一个模范的丈夫，无论在新旧的社会中，都做到这个地步了。

说到这里，我不妨连着叙述他的性道德观。他并不反对"自由生活"，假如"自由生活"不影响一个人的服务社会。他主张人的"性本能"应得其正，不然，要失却一个人的精神平衡，因而减少一个人的用处。他从俄国回来，尤其称赞俄国的婚姻制度，他说，儿童既得公育，社会上又从此没有Scandals了，这是自从人类有配偶制度以来的最大革命。他这样的信念，却是想送给将来的中国人们去享受。他自己，不特没有利用任何一种现成的"左"倾或右倾思想便利私图的事或存心，并且凡是合理的旧新习惯所要求者，或仅是所容许者，他总要充分的尽其责任。他论人是很宽的。自由恋爱是可以的，或者有时是很好的，假定不因此而妨害本业。娶妾也未尝不可，也要假定不因此而妨害本业。我们大家知道，他对于志摩之再度结婚是反对的，在君不是反对志摩再婚，他是反对志摩那样一结婚不能工作了。他十分的相信，服务之义"无所逃于天地之间"。至于在能充分服务一个条件下之个人自由，不应该用成见的道德论去干涉他或她。

在君对他的兄弟，又是一位模范的人格。他同母的，一兄二弟；异母的，三弟。从他的老四以下，求学的事总是他操心。他之所以辞地质调查所的原因，据说，大部分由于地质调查所所长的薪水不够他津贴弟弟们上学。在他"失业"的那一年，我问他小家庭外大家庭内之担负，连着亲戚们共若干。他说，今年两千！待他次年不失业了，他的进款也只是每年六千。

三、在君对于社会的观念完全支配在"服务"一个信心之下。若把他这个主义写成文字，我想可以这样说。看看中国人是在何等阶级的生活中。据何廉博士的研究，中国人的平均进款，是每年二十七元。再看看我们知识阶级的生活是怎样。若把我们的生活降低到每年二十七元，一件事业也不能做了。若受今日社会给我们的待遇，而给社会以相当的回报，只有黾勉服务，把自己所有的能力都尽了，然后可以问心无愧。在这一个基本认识之下，他是永不间断的为社会中团体及个人服务。他论一件事之是非，总是以这一件事对公众有利或有害为标准。他论一个人的价值，总是以这一个人对公众有用或有害为决定。他并不是一个狭隘的功利论者，但是他的基本哲学，确是一种社会价值论。

他一生的服务范围虽是多元的，但十之七八是学术及学术行政，其余二三分或者当由行政的（包括有助行政之技术的）及实业的平分了罢？他放弃了自己的研究来管别人的研究，他牺牲了自己一时的工作来辅助别人的工作，其意无非以为一人之成绩总有限，多人之成绩必然更大。在不深知者或者觉得他有一个舍己耘人的天性，其实他是为社会求得最大量之出息，而不求其自我。这样热心的人本已少见，这样热心义加以在君那样的见识与学问，又有谁呢？

他对于好朋友之态度，恰如他对于他的家人，妻与兄弟，即是凡朋友的事，他都操心着并且操心到极紧张极细微的地步，有时比他那一位朋友自己操心还要多。他的操心法，纯粹由他自己的观点行之。他是绝对信赖近代医术和医院规律的。朋友病，他便如法炮制之。举例说，受他这样待遇的，有适之、咏霓两先生。他是绝对相信安定生活是工作的基础条件的，朋友们若生活不安定，他便如他的见解促成之。受他这样待遇的有我。他为一个朋友打算，要从头至尾步步安排着，连人如何娶妻如何生子都在里头。据李仲揆先生说，在君这样为他安排过，只是仲揆没有全照他的方法。朋友死了，他便是孤儿寡妇第一个保障人，赵亚曾先生的事可以为例。

他之看重朋友，似乎大多由于他认为有用，学术上或事业上之用。一旦既成朋友之后，他每每不自觉的颇以监护人自居，对于同辈（听说对于比他年长的也有时如此）俨然像个老大哥。因此，朋友们一齐称之曰"丁大哥!"若他认为某一朋友不努力，或行为上丧失或减少其社会服务的或学术的作用，他必要责备，必要督促着改过来，因此常和朋友发生纠纷。

我可以记一件亲见的事。前年二月，翁咏霓先生在杭受重伤的消息传到北京时，在君正在协和医院躺着，一面检查身体一面还发点小烧。朋友想，不要告他这消息，偏他看报看见了。一听朋友说明详情，他立时要出医院飞去。我亲自看见他在涕泗交流中与医生争执。医生说："你在这个时候离开医院去坐车是极傻的。你到了杭州，一个病人也无一点用处。"因此他才不走，就在床上料理了许多事，皆关于咏霓事业的安排。他没有许多话，只是说："咏霓这样一个人才，是死不得的。"

四、在君之对国家，或者外国人看得清楚些。他死后，《字林西报》作一社论，题目《一个真实的爱国者》，我相信这是对在君最确切的名称。诚然，在君没有标榜过爱国，尤其没有办过"救国会"，然而在君对于国家的忠勤是极其昭明的事实。就消极的方面说，他从不曾坐过免票车，从不曾用公家的费用作私用，从不曾领过一文的干薪。四年前，资源委员会送他每月一百元，他拿来，分给几个青年编地理教科书。他到中央研究院后，经济委员会送他每月公费二百元，他便分请了三位助理各做一件事。他在淞沪总办卸任后，许多人以为他必有几文，乃所余仅是薪俸所节省的三千元，为一个大家庭中人索去。

积极方面说，他在中国建设出地质学，至少他是创造了一个可以使地质学在中国发达的环境，已可谓功在国家。至今还没有第二个人在提倡科学研究上比得上他。他在淞沪任中，为后来之上海特别市建造弘大的规模，只可惜后来人并不能步趋他。他除了好些积弊。他从外国人手中争回重大的权利，不以势力，不以手段，只以公道。交出这些权利的外国人，反而能够诚意的佩服他！虽然他当时的上司是孙传芳，然而他并不是孙传芳的私人，他仍是为中华民国服务。后来孙传芳日暮途穷，倒行逆施时，他并没有跟他。（此中故事，在君曾为我详说，待后来写出。）至于他对外国人，永远是为中国辩护的，至少是为新中国辩护。凡外国人抹杀了中国的事实而加菲薄，他总奋起抵抗，论政如他驳濮兰德的小册子，论学如他评葛兰内的文，都是很有精采的。《北平教育界致国联调查团书》，是他的手笔，是一篇伟大的著作。

用充分的知识，忠勤的为国家服务，丝毫不存自我利益心，便是真实爱国者的定律，也便是在君的行事。

在君虽是一个真实爱国者，却不是一个狭隘的国家主义者，他以为世界上的文明的和平的民族都应该共存共荣，共致力于人类之知识与幸福，所以有时候他真拿某一外国人作朋友看，这是我所最难能的。

以上所说是在君的"立身"，以下再谈在君的"行道"。

我们且看在君的道是何道。

这当然不是"貉道"，"貉道"，在近代中国也曾经为几个无政府主义者提倡过，现在不闻声气了。在君既信仰近代物质文明，当然不能简单成"貉道"。这当然也不是"王道"。我们的近邻无端把霸字读作王字，真正不值一笑。在君的道决不退化到二千年前，无论他是王是霸。

在君的道是近代文明中的一条大道。在这道上走的有"搜求心"，有"理性"，有"智慧"，有"人类同情心"，在这道旁所建筑的庭舍，是"世间经验之扩充"，"科学知识之寻探"，"物质之人工的利用"，"改造不合理性社会之方案"。自从开辟新大陆以来，人类的知识日向扩充，人类的要求日向增加，人类的思力日向解放，至十八世纪出来了成系统的理性论。科学与工业之发达，固颇受这样思想之影响，而若干人生观社会观之改变尤是这类思想所助成。这样一步一步向着开明走的大路，一直到欧战后才出来新生的反动。

在君留学英国，在欧战前若干年（一九一一以前）。那时候自由党已起来当政，早年的理论急进派（Philosophical radicals）若干主张，修改后依然为实际政治上争议之点。以在君的思力敏锐与多才，在这时候好看报，特别是《泰晤士报》，自然要受这个空气的影响。我知道在君是好看经济学书的，我尤知道他关于J. M. Keynes的书每本必看，所以我敢说，他纵不是柯波登，边沁，穆勒之研究者，他必是受这一派思想的影响者。聪明人嗅着空气便可得坚实的益处，原不待咬文嚼字如专家然。在君又是学科学的，他在英时的科学兴趣，由动物学到地质学。恰恰这一行的科学在英国有圣人达尔文，有护法赫胥黎，有游击名将葛尔登（Francis Galton），所以在君若于研究这一行学问时越过实验室而寄兴趣于词辩，大有精神的安顿处，连宗教都有一个。在君必是一个深刻的受赫胥黎影响者（严复并不是），他也在中国以他的科学玄学战做成了赫胥黎（只可惜对方太不行了）。在君所在的英国又是利用科学造成福利的最前进国，在若干意义上最近代化的地方。本来天才是生成的，在君思力之敏而锐，在最短时间中能抓到一题之扼要点而略去其不重要点，自然不是英国人教会他的。但是他的天才所取用的资料，所表现的方式，所锻炼成的实体，却不能不说一部分由于英国的思想与环境。英国有很多极其可恶的思想，不过在君所受者却是最上层精粹。因为在君能读法、德文书，走过大陆，他对于英国人之守旧、自大、摆架子，不自觉的自欺，必然看穿。他绝看不起中国人学来一个牛津架子，或者他对于圜桥清谈，也不尽看重吧。

至于他所受者，大来说近代欧洲的，小来说维多利亚朝以来英国的，究是些什么？我想可以撮成下列几句：

> 行为思想要全依理智，而不可放纵感情压倒了理智。
>
> 是是非非要全依经验，而不容以幻想代经验。
>
> 流传之事物或理论，应批评而后接受，而不容为世间的应声虫。
>
> 论事论人要权衡轻重，两害相衡取其轻，两利相衡取其重。
>
> 一切事物之价值，全以在社会福利上人类知识上之关系为断。
>
> 社会是一种合作集团，人人要在里边尽其所有之能力。
>
> 社会之不公、不合理，及妄费之处是必须改革的（虽然要用演进的方式），社会上没有古物保存之必要。

读者看到这里，若是不识在君者，或者觉得此君必是一个"冷静头脑"，这却大不然了。他是一个火把！他又是一个感情极重的人！以强动不息的精神，用极大的感情，来祈求这一个"理性——经验——实用"的哲学，来实现一个进取而不保守的人生。不知必不行，知之必能行。

归纳以上两章，我们可以说，在君立身行事上是兼备中西伦理条件的积极的良善公民，永远为团体为个人服务着。这一层是使他不能为革命党处。在君在主义上是钦崇而又信仰近代科学及开明的民生主义者。这一层是使他近年来颇同情于苏俄设施处。

近代文化到中国来，虽有成功，也多失败。今日中国在思想上，在社会伦理上，在组织上，依然甚多荒古的现象，这是不得了的。丁在君是"近代化中国"的大队中最有才气的前驱。中国若有这样人二十个，又都在扼要适宜的地位，二十年后，我们庶几可以成第一等的近代国家了。为什么他先死呢？

记得"九一八"之前的半年间，有一天，我请几个朋友在我家吃饭。座上有在君，有适之先生等。我议论一个人，适之先生以为不公允，说："你这偏见反正是会改变的。你不记得在巴黎时，你向我说过三遍，回国后第一件事是杀丁文江，现在丁文江就在你旁边，你干吗不杀他？"后来我怨适之先生恶作剧，他说："在君必高兴，他能将你这杀人犯变作朋友，岂不可以自豪？"

我开始大佩服在君在我读科学玄学战论时，那时我在英国。以为如此人才，何为仕于钱镠之朝，又与吕惠卿辈来往，所以才有"杀"之一说，其中实不免有点如朱子所说，其词若有憾，其实不尽然也。乃民国十八年初夏相见之后，不久即成朋友，一年后成好朋友，最近几年中竟成极好的朋友。在其病重时，心中自思，如我死，国家之损失小得多。这个变迁应该有个缘故吧。所以我说他好，比胡适之先生说他好更有要求读者注意之理由吧？

对于丁在君先生的追忆

翁文灏

民国二十三年春间，我在武康车撞桥梁，卧病杭州，几致不起，丁在君先生曾在《独立评论》发表《我所知道的翁咏霓》，差不多是一篇身后的墓志。不料时未二年，我犹健在，而在君先生竟已长逝，还是我在此地写他死后的追忆！

我初认识在君先生是在民国三年。那时他刚从云南省调查地质回到北京，每次遇见，他都叙说他在东川等处考察矿产的情形，金沙江的大川深峡，苗子、猓猡的人情风俗，使我对于远道旅行发见极浓厚的兴趣，也从此时开始觉悟中国土地广大交通艰阻，中国地质学者正当以跋涉山川，开辟此学术的疆域引为己责。我自觉见猎心喜，在君先生恰是中国地质学界中第一个猎人。

当时，我在地质研究所内做主任教授，我们最苦找不到一个人肯教古生物学，在君先生一到北京便毅然担任，这是中国人第一次教古生物学。另一方面，他竭力主张注重实地观察。他以为平常习惯，由一个教授带领许多学生在一学期内做一次或二次旅行，教授匆忙的走，学生不识不知的跟，如此做法决不能造成真正地质人才。他以为要使学生能独立工作，必须给他们许多机会，分成小组，自行工作，教授的责任尤在指出应解决的问题，与审定学生们所用的方法，与所得到的结果。他不但如此主张，而且以身作则，有很多次数，率领学生认真工作。他的习惯是登山必到峰头，移动必须步行，我是至今犹可想见他在那时候口讲指画的胜概。

民国四年我同他到平绥路旁的鸡鸣山煤矿闲游。但在君先生在闲游中也决不忘工作，我跟着他渡浑河，登玉带山，敲圆球腐蚀的辉绿岩，辨自南趋北的逆掩层，回首旧游，历历如见，尤可证明领导人才之真能以自身兴味引人入胜。同年夏间我往绥远调查，启行以前，在君先生指示测量制图的方法，采集化石的需要，谆谆善诱，使我明白地质工作之决不能苟且了事。那时火车只到大同，北出丰镇，西经凉城，循大青山以西，经清水河而返，在今日火车已通之日，真不易体会那时交通的迟滞。

民国五年地质调查所正式成立，在君先生做所长，我做矿产股长，其实股长是虚名，我不过是在所内帮助做研究工作。在那时我们很用力讨论专门名词的用法。有一种趋向是要将地质学及其相关诸学的专门名词彻底的重新翻译，凡日本人的名词皆不要用。我很反对此说，我觉得日本人既沿用中国的矿物旧名，我们自也可袭用日本的岩石新语。古生物与现代生物有密切关系，更不能好自立异，而且英法德诸文字都有许多名词互相雷同，科学界必须求节省时间，最宜免各分门户。日本名词为中国所无者，中国自应通用，中国名词为日本所未有者，日本亦必接受，所以中国用日文之寒武，日本亦必用华文之奥陶，谊尚往来最便实用。在君先生采取此说，到后来更嘱董常君编成《中英对照矿物岩石地质名词辑要》，所以中国地质机关虽有好几个，但许多出版物所用的名词大致是统一的。

当时我们也屡次讨论地质报告出版的方法。在君先生对于此事看得非常重要，所以进行也特别谨慎，拟有好几种计划，比较讨论，又因印刷着色地质图的困难，一再试验。凡百事业创办时必有许多麻烦，皆为后来做现成工作的人所不易想像，但非创办人尽心努力，这种麻烦又不能解除。各种方案粗定之后，在君先生因欧洲和平会议出国考察，我暂代所长职务，把《地质汇报》及《地质专报》实行印刷，都在民国八年出版，这是中国地质调查所正式出版的开始。在《地质汇报》第一号内，在君先生曾写一序，首引德国学者李希霍芬的言论，他说："中国读书人专好安坐室内，不肯劳动身体，所以他种科学也许能在中国发展。但要中国人自做地质调查则希望甚少。"在君先生说："现在可以证明此说并不尽然，因为我们已有一班人登山涉水，不怕吃苦。"试想谁能养成这种精神呢，当然在君先生自己的力量最为重要。

在君先生的实地工作，不但是不辞劳苦，而且是最有方法。调查地质的人，一手拿锥打石，一手用指南针与倾斜仪以定方向测角度，而且往往须自行测量地形，绘制地图。这种方法，在君先生都一丝不苟的实行，而且教导后辈青年也尽心学习。有这种以身作则努力不懈的人做领袖，中国地质工作早应已有正轨方法，惜乎事实上并不尽然。我想中国地质学者中很有出类拔萃的天才，足见我们民族的能力很好，但尚缺乏多数人共守的标准方法，各人随兴所及，以意为之，这是我们后辈人努力不够，愧对前人的。

在君先生在民国二年曾偕同德国人梭尔格君做正太铁路沿线的地质图，缩尺二十万分之一。此殆为中国人自作地质图之第一次。此图至今未印，但后来已有他人参考采纳出版。他对于北平西山曾作研究，《西山地质志》上的矿产地质章大部份是他起稿的，周口店西南长沟峪的逆掩断层也是他与我共相讨论而得的，这也许是中国人最早发见逆掩断层之一。他在民国七年对于山东峄县煤田曾作详细研究，作有地质图，规定钻采地点；其图说皆未印行。他的实地观察为人所熟知的，大约要推长江下游的地质，因为他曾著有一书为民国八年濬浦工程局出版，但此项工作实远不及他在西南各省所做的详细与精密。

民国二至三年在君先生独自在云南省工作，所到的范围，北起东川、会理，东迄威宁、曲靖，南抵昆明，西至武定，所得的结果除二三篇顷已发表的外，尚未发表的尚有数倍。民国十七年，他往广西，所历甚广，在匽江、马平、宜山、河池、南丹、贺县等处观察较详。民国十八年至十九年又作大范围的贵州地质调查。那时我们曾有调查西南全部的计划，分为数段进行。起身最早的是赵亚曾、黄汲清二君，越秦岭经四川西部，又分为二组，赵君由叙州南行入滇，行至昭通县被土匪打死了。黄君由叙永入黔，担任贵州中部及西部的工作。在君先生偕同曾世英、王曰伦二君由重庆入黔，所经之地，北起桐梓，西抵毕节，东包都匀，南尽桂边，虽有许多牲口驮运行李，但调查人员长途步行，看石绘图，手足并用，一路都用极严格的科学方法，努力工作。差不多同时起程的又有谭锡畴、李春昱二君特别注重川边及西康区域，西抵甘孜巴安。在这样大规范工作之中，虽然赵亚曾之死使在君先生在途中非常伤心，但他还是竭尽心力勇猛前进，做出很好的成绩，也给几位后学的人一种最可效法的模范。当然，这种远道工作，一定得到许多极珍贵的科学观察，尤其在君先生是兴趣最广知识极博的人，不但采集化石研究地质尽心竭力的做，即凡经济文化交通以及人种分别等事亦莫不有很好的材料。我尝自恨对于西南诸省知识太少，但犹幸有朋友如在君先生对于西南知识足称全国第一，著作发表，必可极便参考。所以二年以前，当他在北平教书的时候，我再三劝他务必从速整理他所有关于西南诸地的图件与笔记，因为我深知道他有治事的才能，又有救国的宏愿，我愿他长做地质工作，但我又知道国家所待于他的正自甚多，地质机关决不应把他私为己有，在如此情形中，当然只有希望他集中精力，从速把许多极有价值的知识写出来，给大家利用。他也赞成我的意见，积极从事，惜乎时间太短，又在北平这种混乱不安的环境，又因南迁就中央研究院总干事之职，所以整理虽略有工夫，而成绩究尚未发表。综计在君先生的工作，在西南的特别繁多而重要，但已发表的著作却又特别缺少，十成中之一成都还不到。即使我们后死的人代为整理，定不及他自己写出来的亲切完整，这是我们现在所最引为悲伤的事！

地质学中，在君先生对于古生物研究，极有提倡之功。在民国五六年间，他深惜中国人没有古生物学专家，所以力请北京大学聘美国葛利普君来当教授，他又在地质调查所内创办《中国古生物志》，至今已印八十余册，为全世界有名的科学刊物。他又为地质调查所新生代研究的名誉主任。他自身对于古生物学，虽非甚为专精，但也能认识许多标准化石，为中国多数地质学者所难能。他又曾用统计方法考定丁氏石燕与谢氏石燕的分别，也是一种学术贡献。

地质学之外，在君先生对于人种学与地理学也极关心。人种学且不说，地理学方面，他特别注重地图的整理，劝友人测定经纬度，现在经地质调查所职员测定者，已有一百几十处。他劝申报馆发行表明地形高度的新地图，又劝地质学者做图务求准确。同时他更注意观察各种现象，我们试读他的《漫游散记》、《苏俄旅行记》、《川广铁道勘查记》，便可想见他的用心是如何周到而慎密。他又注意古人的地理工作，所以曾作徐霞客的年谱与游记附图，他对于这位先生在西南各省的观察十分佩服，不但首先提出金沙江为扬子江源，为中国地理学上一大功绩，而且详写石灰岩地的洞穴，认识火山熔岩的成因，他的记述本领及推想能力，往往犹出许多近代学者之上。这种人才当然值得表扬，而表扬之人，尤以熟悉西南地理如在君先生者，最为适当。

在君先生的事业现在不想多说，略举数例，如参加龙烟铁矿厂的建设，创办热河北票煤矿，创办新式的大上海市，对于中央研究院各事业之实行管理，都有成绩，昭然在人耳目。凡认识他的人莫不承认他不但是科学家而且是事业家。他死了，无论中外，莫不同声叹息说，不但是地质学的损失，而且真是中国国家的极大损失。

在君先生的心理是很近代化的。我曾好几次听见他劝勉青年，用他恳挚诚切的语调，更有以身作则的吸力，当然极能引起青年的同情。他对于青年，也非常看重，民国二十四年他在上海讲演时曾历述地质调查所人员及北京大学学生十分更好的经过，末了结论谓中国教育，确大有进步，青年真好且并无过失，国事责任，全在自命年长的人们的身上。在君先生病故后，我曾接到马廷英君从日本仙台来信，高振西君等从北京大学来信，王曰伦君等从贵州省来电，都是十二分的沉痛伤心，叹息失去了做人的导师与求学的领袖，读了之后令人悲伤堕泪。

一个人能使人心诚悦服，决不是偶然能得的，不但要学问过人，尤在乎自身人格确有可以使人人起敬的地方。在君先生在民国十六年淞沪商埠总办辞职后，生计极为困难，幸赖杨聚诚君赠送五千元得以度日。他一生历任各种职务，辛苦工作，到他死后，总计他的财产，不过一万五千元。如非公私分明，十分廉洁，岂能清寒至此？

我与在君先生相从二十余年，承他待我如友，我心中实敬他为师。上年十二月闻他在衡州重病昏晕四十余小时，我前往看视，适已清醒，不料至今年年初在长沙湘雅医院中病势突然恶转，终不能救。但这次他往湖南的目的原为粤汉铁路勘查煤矿，他已到湘潭谭家山煤矿详细考察。一个地质学者死在实地工作上，他如死而有知，或亦可以自慰。我极盼他的治学的精神与做人的规律能长留在后辈的心中做我们的模范。

丁文江先生与中国科学之发展[①]
——是先锋，是热心工人

葛利普　高振西译

建造中国地质学之基础，及擘划其发展之途径，丁文江博士实具最大之功绩。博士之姓名，在地质学上所占之位置，恐较在其他任何学术方面更为重要。

丁博士心目中之地质学，极为广泛，范围所及，非只构成地球之材料，如矿物及岩石等，且包容形成及改动此种材料之种种动力，以及其渐渐演变之程序。进而对于地球之形状构造及经过历史等全体，作为研究之对象。于此，更涉及自亘古以来，地球陆面以上，及海水以内之生物焉。各种生物演进之程序，及足以影响其发展分布之各种因素，如关于地理气候及

[①] 原著所述丁先生之事业与功绩，每引地质调查所为证。地质调查所之创设，为丁先生等所努力之结果，且任首任所长有年，多所擘划。近十余年来先生辞去所长职务，由翁文灏先生主持其事，而丁先生任该所出版之《古生物志》主编以至于今。且丁先生对于学术事业向具热诚，而与翁先生交情又极密切，故即在翁先生任期以内，丁先生对该所之一切筹划与发展，随时均有极大之助力。原著云云，读者当不误会。

生物等，均在范围之中。在中国推行此等工作，需要经过高等训练之专门人才。造就此等专门人才之教育问题，在中国自属第一要图，而丁博士最早即献身于此①。

在欧洲科学思想发达以前，中国先哲对于地壳变动之基本性质，虽有明确之见解，而以后欧西竟超过远东，盖因能了解观察与实验之方法，足以改正哲学上之概说也。丁博士充分明了此种事实。发展东方科学，必须训练调查与实验之人才，且必须使此种人才在田野及实验室之内工作，而其所寻求必须是先寻求事实。

丁博士与其他曾受国外训练之领袖，均感觉此种教育工作之困难，丁博士乃运用其特有之能力以解决此科学教育问题。渠确认基本之科学训练，必须在本国讲授，于是需要适当之教师。渠自任相当之课程，其他课程，若不能在留学生中选得相当人才之时，则请外国人士相助。为求更高深及更专门之训练，渠确认必须将中国学生送出留学。但第一条件，必须淘汰成绩欠佳之学生，毫不姑息。惟其最适当者，方可予以留学之机会。

人才之训练，不过为事业之发端；研究之精神，必须确立；坚强之中心与重要之设备，必须创设。中国地质调查所之发展，

---

① 民国初年，丁先坐等创设地质调查所，惟工作人才缺乏，乃于民国三年北京大学地质系停办期间，借用该校之设备与校址，设立地质研究班，五年毕业，担任调查工作，其成绩优良者逐渐抽送留学。今日中国地质界之巨子，如谢家荣、王竹泉、叶良辅、李捷、谭锡畴、朱庭祜、李学清诸先生，均当时之学生也。

在效能方面，能有今日之超越地位，实为丁博士纪功碑之一也。次为改组后之北京大学地质系①最初亦由丁博士之计议，其中一切设计，均曾予以密切之注意者也。

丁博士最初即感觉中国地质研究之困难在于地层内之化石知识之欠缺。此种化石，非特须搜集之、保存之而已，尤须予以科学之描述及说明。渠深觉此种工作之重要，因而筹划刊物，专门记载与解证中国生物之遗迹。伟大之《中国古生物志》刊行即为实现此计划。此四开本之专刊出版甚多，丁先生之意欲使此刊物较之其他国家之同类出版物有过之而无逊色。全志共分甲乙丙丁四种：甲种专载植物化石，乙种记无脊椎动物化石，丙种专述脊椎动物化石，丁种则专论中国原人。第一册之出版，距今不及十五年，而今日之各别专集，已近一百巨册之多。此种大成绩实非他国所能表现。

化石必需科学的采集，方有最大价值。丁博士功绩之一，即为训练中国青年在地质学各方面从事实地调查工作。在大学中，渠均亲自领导学生作野外实习。且曾两次组织大规模之

① 北京大学之地质系创设于光绪末年之京师大学堂时代，后因故停办。地质研究班毕业之后，先生等主张教育与调查研究事业应分工合作，因建议北大恢复地系，任造就人才之责。调查所则专司调查研究工作。当承蔡元培先生之同意，于民国七年正式恢复地质系。民国九年丁先生为研究中国化石起见，聘请世界第一流学者，美国哥伦比亚大学教授，葛利普先生来华，在调查所领导古生物学之研究。但为训练青年计，同时复请葛先生在北大教书。今日之中国古生物学家，如孙云铸、杨锺健、斯行健、黄汲清、张席禔、乐森璕、田奇儁、朱森、陈旭、许杰、计荣森等，直接为葛先生之高足，而间接为丁先生之培植。十九年蒋梦麟先生回长北大，二十年聘先生为地质学教授。五年来，课程改良，设备扩充，人数增多，及地质馆之建筑等，均丁先生与李四光等诸教授努力之结果也。

科学调查队,对中国西南部地质作有系统之研究,并采集化石。其一次为一九二八年广西调查,一次为一九三零年贵州之行。渠曾于一九一四年第一次调查云南,又加上述两次调查之结果,遂造成吾人对于中国西南部古生代地层知识之基础。《古生物志》之根据彼等所得之材料者,已出版十二巨册,计在两千页以上,附专图一百八十余版。而即将付印,及尚在编著之中者,为数尚多。

博士于亲身担任调查工作之外,常派遣多数有训练之中国青年调查中国各地,所获材料极其丰博。搜集所及,几包植物及动物两界之全部,惊人之发现"北京原人"亦在其中也。

化石之研究,最初每托请外国专家。博士亦曾邀请数人来中国任此种工作[①],此在最初为不得已。今者教育进步,中国青年对于此种研究多有优秀成就,其曾受欧美专门训练之人,已能应付更困难之工作。近年刊行之专集,大多数均出于中国古生物家之手。

丁博士与其他科学领袖人物均认为,欲科学在国家社会之利益上能有高能之应用,纯粹科学之研究实为其最重要之基础。然而丁先生对经济地质及国内矿产之富源方面,亦未尝忽视。记录地动现象之地震台是其一例;另一例则有"西园燃料研究室"(浙江金西园氏及其后裔所捐建者)同为地质调查所之重要且兼顾之设备也。地质之测

①　请外人研究古生物,葛利普先生实唯一重要之大员,见37页①。

量作图，化石之采集，以及构造等变迁之推定，不过为调查工作之一面。土壤调查，及其于中国农业上之应用，亦为同等重要之事业也。在经济方面，如煤炭诸量之调查及中国矿业之发展，而努力于周口店之开掘，则属纯粹科学范围。二者均为地质调查所所兼顾之工作。

丁博士为中国科学界之最伟大人物之一，余所述不过其生平事业与功绩之一部。丁君之为人，非特具有过人之能力，且有远大之眼光，弘毅之魄力与勇气，识见所及，均能力行之而成事实！

丁博士以超众之才识与能力为其祖国努力，从来不为私图。其生平最热烈欣慰之事莫过于亲见某一个青年之中国地质学者成就某一件有价值之工作而能与欧美之同类工作比美之时。丁博士之遽尔长逝，科学界哀悼损失一个领袖，一个工作人员，一个主动之力量。博士之学生，博士之同事，与博士之朋友，又哀悼损失丁文江这个"人"！

丁在君先生在地质学上的工作

黄汲清

　　丁在君先生为吾国地质界先辈，素来主张实地调查，故曾经他考查过的区域甚广，不但西南诸省为其特别研究地方，即中国中部及北部各省亦到处有其足迹。又因他调查时讲求精密，注重系统，所以他存留下来的记录及图件特别丰富，他所采集的化石及标本动辄以吨数计。但是他对于出版报告十二分慎重，所以他已曾发表的地质论文比较不多，恐还不及他实地工作之十分之一。在这种情况之下，不但一般人对于丁先生在地质学上之贡献甚为隔膜，即地质界中人亦少有知悉他的工作详情者。清受地质调查所长翁咏霓先生之嘱与尹赞勋先生共同整理丁先生遗稿，在整理尚未就绪之前，很难作一有系统的报告，详详细细的讲他的工作。今暂就个人所知略述先生实地调查范围及先生已出版各论文内容之大概。

实地调查区域及工作性质

（甲）大规模的调查

（一）云南　丁先生第一次大规模的调查为民国二至三年云南之行。他从安南入云南，当即趋个旧看锡矿。随至昆明，复北行实地考查，经富民、禄劝、元谋，过金沙江至四川会理。由会理折而东南行，再渡到金沙江入东川府属考查铜矿。复由东川东行入贵州威宁县，又折而南，经宣威、曲靖、陆良而返昆明省城。综其云南四川之行，除研究东川、会理之铜矿，个旧之锡矿，宣威一带之煤矿外，曾作有路线地质图，表示地层及地质构造，曾特别研究寒武纪，志留纪，泥盆纪，石炭纪及二叠纪地层，采集化石甚多，一部份已经地质调查所研究出版。先生工作一方面改正法人Deprat的错误，一方面建立滇东地层之基础，为后来调查之基。

（二）广西　先生于民国十七年赴广西考查，所到各处均曾作地质研究，而于广西中部及北部如南丹、河池、马平、迁江诸县调查尤为详细，利用军用地形图，填绘地质，同时采集标本化石甚多。其工作性质除考查南丹河池锡矿，及迁江一带煤田外，特注重地层系统及地质构造，而于马平石灰岩研究尤详，马平石灰岩之驰名全赖先生之力。

（三）贵州　民国十八年先生组织西南地质调查队，由重庆起同曾世英、王曰伦二先生南行，经松坎、桐梓至遵义，由遵义西行经打鼓新场至大定，原拟在大定会合赵亚曾、黄汲清二人，突接赵遇匪被害耗，悲哀不胜，旋同曾王黄三人东行至贵阳，旋又南行经都匀、独山、荔波而入广西南丹县境，于是贵州工作与民国十七年广西工作衔接。继折而北行经平舟、大塘返贵阳，由贵阳经遵义、桐梓返重庆，于十九年夏返北平。此次之行为先生平生最大地质旅行亦为最后的大规模地质旅行。其所得结果对于地质学、矿产、地理学及人种学无疑的必有很大的贡献。地质方面工作则沿途均绘有精细的地形及地质图，对于地层研究尤一丝不苟，而于泥盆纪，石炭纪及二叠纪更有精细的透辟的考查。将来西南各省这三纪地层研究要以他的结果为基础。

（乙）零星的调查　二十年来先生足迹遍国中，故所作零星的地质工作甚夥，今略举其重要者如次：（1）太行山内之调查。先生自欧返国为民国二年，到北京任职后即同德人Solger教授赴井陉、娘子关、平定一带考查煤田铁矿并研究地质，又曾赴冀豫交界之磁县六河沟一带考查煤田地质。（2）北平西山之调查。先生因久住北平故对于平西一带地质曾不时加以调查，叶良辅先生之《西山地质志》一书即在先生与翁文灏先生指导之下出版者。（3）南京山地及苏皖浙三省界上之调查。此为先生重要工作之一，其调查结果及归纳理论均载所著*Geology of the Yangtze Estuary Below Wuhu*一书中。（4）山西三门系之研究。此为先生重要发现之一，作有剖面图，在安特生先生所著*Cenozoic of Northern China*一书中。
（5）蔚县、广灵、阳原煤田之调查。此项调查乃与张景澄先生合作，已在《地质汇报》第一期中出版。（6）宣化龙关之调查。除地质考查外，他对于龙关之铁矿及宣化一带之煤矿均有研究。（7）大同煤田之调查。（8）北票煤田之调查。（9）鹤立岗煤田之调查。（10）山东中兴煤矿之调查。（11）萍乡一带之调查。除考查萍乡煤田外，先生曾研究石炭纪及二叠纪地层。（12）湘潭、耒阳煤田之调查。此为先生最后之地质调查，亦为先生致病之因。

已出版的地质论文

1915——*Tungchwanfu, Yunnan, Copper Mines. Far Eastern Review,* No.6.此文有地质附图及照片，文内述东川一带之地形地质，矿床性质，开矿历史及如何改良行政如何施用新法等。

1919——《蔚县广灵阳原三县煤矿地质》（与张景澄同作），《地质调查所地质汇报》第一号。

1919——*Report on the Geology of the Yangtze Estuary Below Wuhu. Whang-Poo Conservancy Board, Shanghai Harbour Investigation, Ser.2,—General Data,* Rep. No.1.此文内有着色附图一，相片及插图甚多。文内对于地层作综合的

及分区的讨论，对于地质构造则首述江南山岭与秦岭及南岭之关系，继言各部之特殊结构井及地壳运动之时代。地文方面则对于地壳之升降，气候之变迁，河流之生成，均有精到之理解。而对于扬子江之出口问题及三角洲之生长，尤有独到之见解。

1921——《扬子江下游最近之变迁——三江问题》，《国立北京大学地质研究会年刊》第一期。

1922——*The Tectonic Geology of Eastern Yunnan. Congrés Géologique International, Comptes-Rendus de la 13 me Session, Belgique,* P.1155.略述云南东北部之地质及地质构造。

1923——*Note on the Gigantopteris Coal Series of Yunnan in A.W.Grabau: Stratigraphy of China,* pt.I, pp.390-391.

1923——*Geological Sections in J.G.Andersson: The Cenozoic of Northern China, Mem.Geol.Surv.China,* ser.A, No.3.

1929——*The Orogenic Movements in China.Bull.Geol. Soc.China,* Vol.8, p.151(Presidential Address).此文搜集中国各地所得有关造山运动时代之事实而作不偏之讨论，其结论谓中国造山运动分Caledonian, Hercynian, Yenshanian三个重要时期，而后者又分三个phases。

1931——《中国地质学者之责任》，《国立北京大学地质学会会刊》第五期。

1931——*Biographical Note, Bull.Geol.Soc.China,* Vol.10, Grabau Anniversary Volume, P.iii.

1931——*On the Stratigraphy of the Fengninian System,* Ibidem, p.31.此文总述贵州广西的下石炭纪地层及其化石而作下面重要结论：

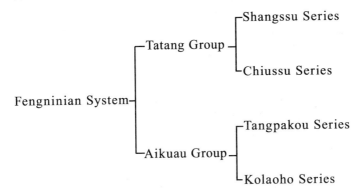

1932——*A Statistical Study of the Difference Between the Width-height Ratio of Spirifertingi and that of Spirifer Hsiehi—Bull.Geol.Soc.China,* Vol.11, p.405.此文用统计学方法定两石燕之区别。此种方法亦可应用于他种古生物之研究。

1933——*The Permian of China and its Bearing on Permian Classification(with A.W.Grabau). Report of the 16th International Geological Congress,* Washington.此文中先

生讨论中国各部二叠纪地层之彼此关系及其分类，结论谓中国南部二叠纪可分三系，下部二叠纪为马平系，中部为阳新系及乐平系，上部为夜郎系。此分类与黄汲清之分类略有不同。

1933——*The Carboniferous of China and its Bearing on the Classification of the Mississippian and Pennsylvanian(with A.W.Grabau). Ibidem.*此文总论中国各地石炭纪地层之关系及其分类。将中国石炭纪分为：

Weiningian=Penehian

Fengninian　3—Shangssu　2—Chiussu　1—Kolaoho

1935——*Notes on the Records of Droughts and Floods in Shensi and the Supposed Desiccation of N.W.China. Geografiska Annaler 1953,* Sven Hedin.此文讨论陕西省气候变迁问题。结论否认该地气候由潮湿变干燥之理论。

悼丁在君先生

杨锺健

丁在君先生于二十四年十一月末往湖南旅行,在衡阳得病,后移至长沙,医治无效,于二十五年一月五日下午五点许与世长辞。这实在是最痛心的一件事。他的死,不但是地质界的损失,学术界的损失,实是中国各方面的一个大损失。

丁先生无疑的是中国地质界事业开创之一人,民国初年尚无多人能了解地质学为何事,有一知半解的人,也往往把地质学当作开矿或混为一谈。彼时丁先生即与章演存先生,翁咏霓先生通力合作,奠定中国地质界的基石。初年许多规划,丁先生为最得力之一人。民十八后,丁先生虽有时忙于他事,然于地质界工作之襄助与指导并未中辍,即如地质调查所与协和医学校解剖系合作关于中国新生代地质脊椎动物化石及化石之研究,丁先生实为赞助成功最力之人。其他关于他方面研究或好为主持或从旁赞助,其功实不可没。

在中国过去十五年地质学发展中,有一个重大的关键,就是纯粹科学方面研究的浓厚，特别是古生物的研究，关于此层丁先生主持最力。中国古生物研究的发达最有关系的为葛利普教授之来中国，而葛先生就是丁先生亲身聘请来的。直到丁先生去世，他尚是中国最重要的古生物刊物《中国古生物志》的主编人。所以我们偏重古生物学研究的，想到中国古生物学发达起来的经过，不能不归功于丁先生。

丁先生虽因服务社会的事务太多，未能充分贡献其所得于学术，但是他也有不少的重要的发表，这是人所共知的。另外一方面，还有一些地质上的重要工作，如三门系地层在丁先生虽未发表，而经近年来吾人各地研究的结果，知三门系实为中国新生代后期最重要的一时期，认识黄土下与红土上的地层和其重要性，也是丁先生开的先河。

此外丁先生在其学问方面的贡献与其丰富的知识和其治事的才干，乃是人所共知的，且有人发扬无遗，用不着我来赘述。我这里所说的，不过就个人感想另为叙及，以作个人纪念丁先生的一点表示罢了。

我最初认识丁先生在民国十一年，那时我正在北大读书，我们曾组织一北大地质研究会，我们敦请丁先生讲演。丁先生的讲题为《三江问题》，那时我已深佩丁先生的治学精神与方法。自回国后，我服务地质调查所，较前过往较密，因而对于丁先生的认识与敬佩，更较前为深刻。二十三年新生代研究室主任步达生去世后，德日进、巴尔博与我在沿江各地调查，时因翁先生卧病杭州,一切事由丁先生主持。丁先生在百忙中,对我们的调查计划及一切便利之处,无不尽力筹划,并对我一再声称,他对地质界后进,无论何人都是一律平等看待,量材使用,毫无私心存在。

去年我们往广西调查,丁先生也为我们介绍桂省当局。归后,因购买上海之骨化石,丁先生尤为帮忙,如今所购买之化石尚未开箱整理,而丁先生已物故了,睹物思人,能勿怅然。

近年因丁先生多在南方,我们的工作又多在北方,所以不大容易会晤,但他对我们学术上的帮忙不以见面或不见面而分轩轾。去年夏,丁先生北上至北平,倾谈片刻,时我眼疾新痊,殷殷存问,方期后会方长,聆教有日,不料竟一病不起,溘然长逝,这真是出人意料之外的不幸。

我因此又引起一种感想:丁先生逝世之年才四十九岁,我们试看外国一般科学家,往往至七八十岁尚服务社会,孳孳不倦。我们用平均数来比,假定丁先生能活到六十至七十岁,那末他至少尚有十余年左右的服务,以这十余年的时间,兼以丁先生那样才力学识,其贡献于社会者,将要何等的伟大。由这么简单的推算,我们可以比较具体的认识一个有用人才的不幸早逝,对于社会与国家的损失的重大。一个人才的造成,本是实在不容易,我们假定一假人才造成致用于社会为三十岁,三十岁后服务于国家只二十年与三十年四十年相比,其间的差别自然不可同日而语,何况从各方面来讲,后二十年的工作能力与效力必然比前二十年为大。

因此，丁先生的死，我不但为丁先生个人惜，实在为中国前途惜。近年以来，学人之早年殇逝者甚多，如刘复，如刘树杞等。如果知识界的分子大半均不永寿，其影响于教育的效果与国家前途，真令人不寒而栗。因此我对丁先生的早死，希望有两点可以引起世人的注意。

一、即希望知识分子本身应当自己爱护。"为国珍重"一语虽是套言，却在此是真话，盼社会上人对真正人才加以培育。

二、爱护学人之方法甚多，但不令他过分的劳苦，亦是一法。近常见有许多有用人才所任事务太多，朝夕皇皇几无片刻之安。我以为一个好马，一付好机器，用时尚宜爱护，令有相当休养，何况一个有用的人才？一付机器爱惜着用，用十年好呢，还是不仔细用三年五年好呢？

廿五、一、廿，在君先生逝世后之十五日于南京。

丁在君先生对于人类学之贡献

吴定良

在君先生在地质学上之贡献，久为国内外学者所公认。关于人类学方面研究，因其大部分重要材料尚未发表，故知之者较少，苟天假以数年，将所搜集之材料尽行整理发表，其贡献决不在地质学下也。论文中最重要者有下列两种：

（一）《指数与测量精确之关系》是文根据三十六组材料，比较两种指数之价值，（a）100×两臂展开宽/立高，（b）100×坐高/立高，并应用濮列托寇（S. Poniatowki）氏公式证验两种指数是否受测量错误之影响。其重要结论如下：（1）就两指数价值言，中国人体质与非中国人有显著之区别。（2）证明各组指数并未受测量错误之影响。（阅《庆祝蔡元培先生六十五岁论义集》下册第七百二十七页至七百三十六页。）

（二）《中国人体质之分类》此为在君先生最重要人类学论文，虽在其生前未能完卷，但材料之整理与分析方法，久已由其计划详尽。七八年前，在君先生即开始搜集材料，计共六十五组，代表全国各省重要区域人民与边疆诸民族，材料极为完备。其中由在君先生亲自测量者十四组，约共一千一百余人，尤以蜀黔滇等省边境诸原始民族测量材料为最可贵。在君先生与许文生，葛内恩（Stevenson and Graham）两教授共同测量者两组，其余为他人测量但经在君先生详细校审认为可作比较资料者。人体测量学之价值，全视其测量之正确度而定。在君先生平时对于此点特别注意，其所采用之材料，据许文生氏言，曾费半年时间检验各组测量数值。如有某组或某项测量有可疑或欠准确者，必尽使除去，其治学之精严如此。测量之结果又视分析方法而定。在君先生所采用之方法有三种，皆统计学上认为最精确者，此实国内用数量方法研究科学之先导也。现是项材料正在计算与分析中，如按其预定计划继续进行，数月后即可以发表，预料必有许多重要事实发现也。

在君先生的人类学工作，在国际上亦有相当地位。一九三四年夏季，国际人类学与民族学社在伦敦开会，议定每国应推选最著名人类学家三人或四人充任该社理事会理事（由该社执行委员会选出）。中国当选者为丁在君与李济之、许文生三先生。在君先生与英国人类学泰斗斯密斯氏（E. Smith）最友善。自北平周口店人猿发现后，斯氏在大学或学会演讲中国人类学时，必称颂中国地质调查所丁、翁两先生之功绩不绝于口。上月在君先生去世，斯氏哀悼异常，并为文载于《泰晤士报》以纪念之。中国学者能为国际科学家如此敬仰如此关爱者，实前所未有也。

我所敬仰的丁在君先生

周诒春

人类的行为，最重要的有两件事：第一件要有自强不息的精神，第二件要有研究专门学术的毅力。能够自强不息的人，一定能够刻苦奋斗，不怕什么艰难险阻，努力前进，所谓一息尚存，不容少懈。能够研究专门学术的人，他生平唯一的目的，就是要发扬一种科学，有益于国家，有益于人群，本着他缜密研究的精神，去搏那最后的胜利。不过这两件事都做到的，是很不容易，我觉得在君先生可以当之而无愧。

他从宣统三年自欧洲留学回国以后，就由安南到云南去调查，经过贵州湖南等省而到北平。民国二年，又由山西到云南调查地质。以后就主办地质调查所，办理北票煤矿，著书研究。他的躯体脑经，自生至死，没有一时一刻的安闲。所以我觉得他生平所过的生活完全是一种刻苦奋斗研究学术的生活。

他生平最感觉有兴趣的，就是民国五年在农商部主办地质调查所，他用了他与翁文灏、章鸿钊两先生所训练的研究生，去担任调查工作，自民国五年至十一年，这七年当中，他费了不少的苦心和毅力，方才把这个调查所的根基打好。以后就由翁文灏先生继他主办，本着他以往的规模，又扩充了许多计划，于是地质学在今日我国科学界中才得着了这种鲜明的成绩，这实在不能不归功于他的创始努力。

他还有一件事，也值得记载的，就是向尚志学会募集了一笔基金，创办静生生物调查所，来纪念教育界前辈范静生先生。现在这个调查所对于生物学的研究，在我国科学界中，也得到了相当的地位。

他一生致力的，除了上项两个调查所以外，对于科学社、地质学会、中央研究院等，也很费了不少的心血，使它们发达。此外对于政治外交，也感觉得很有研究的兴趣。

至于他的为人，办事是勤谨的，待人是厚道的，说话是直爽的，见解是诚实的，对于凡百事业，都潜藏着热烈的情绪和远大的眼光。初与他共事的人，有时觉得他是很严厉，久而久之，也就觉得他实在是诚恳厚道。

现在他的躯壳虽然已死，但他自强不息的精神和研究学术的毅力，还是永远的存在。我和他知交十数年，一旦良朋长逝，不但有沧桑之感，所以不能不把我所晓得他的地方，和佩服他的地方，拉杂写几句，表示我衷心的敬仰。

丁在君先生对于中央研究院之贡献

蔡元培

在君先生是一位有办事才的科学家，普通科学家未必长于办事，普通能办事的又未必精于科学；精于科学而又长于办事，如在君先生，实为我国现代稀有的人物。

在君先生所专精的是地质学，但他对于地理、人种、优生、历史等学，也很用功。他曾组织地质调查所，改进北京大学地质系，办理北票煤矿，都很有成绩。这些学术上事业上的贡献，都已有各方面与他共事的朋友们替他记录了。我是与他在国立中央研究院共事的人，愿把他在院的贡献写点概略。

在君先生到研究院是二十三年六月十八日，到今年一月五日他去世的那日，不过一年有半；然而他对于研究院的贡献已经不少；今把最大的记述在后面：

第一是评议会　此会为本院组织法中所规定，对于全国的学术研究有指导连络奖励的责任。以关系复杂，七八年来，尚未组织。在君先生到院后，认为不可再缓，乃与各关系方面商讨，补充条文，规划手续，呈请国民政府核准后，于二十四年九月成立。会员四十一位，除中央研究院院长与十位所长为当然会员外，其他三十位，是由各国立大学选举，再由国民政府聘任的。凡国内重要的研究机关，如北平研究院，地质调查所，农事实验所，科学社的生物研究所，静生生物调查所，黄海工业化学研究社，中央、北京、清华、武汉、中山、浙江、南开、协和、燕京各大学，都有代表当选，可以认为一个代表全国学术研究的机关。开会的时候，照中央研究院已经设立的科目分组，再由各组委员会调查全国研究机关的成绩与全国学者所发表的著作，以为将来联络的基础。

第二是基金保管委员会　本院组织法第九条有最小限度基金定为五百万元之规定；历年因所积基金，为数尚微，未曾正式组织保管委员会。但近几年来，本院各所的收入，可以归入基金的渐增；而本院各所的设备，有赖于基金利息之补助亦多；故在君先生认为有组织基金保管委员会的必要，于是草拟本院基金暂行条例呈请国民政府核准。该条例第二条规定聚集基金之方式：一、政府照国立中央研究院组织法第九条应拨之款；二、已有基金之生利；三、私人或团体之捐助。而附项中，又规定除上列各项外在基金总数未达五百万元以前，本院得以所举办事业以及其他一切收入拨入基金。又于第六条，规定本院得将每年基金利息一部份用于本院下列各事业：一、有特殊重要性质之讲座及研究生名额；二、有促成学术进步功用之奖学金；三、院内有利事业之投资；四、其他特别建筑设备或事业。有此正式规定，于是本院基金部份的增益与应用，均有规则可循了。

第三是各所与总办事处预算的更定　从前因各所建筑设备在需款，而政府除经常费外未能拨款，不得不从经常费中各有所撙节以备建筑及设备的用途；这本是不得已的办法，所以各所经费的分配，略取平均分配的方式。但此种方式，虽有各所自由计划的便利，而每所各自撙节的款，为数有限，对于较繁重的设备，不免有旷日持久的窒碍，于全院的效率上，难免吃亏。在君先生有鉴于此，到院后，即与各所长商讨，打破平均分配的习惯，而各所均视其最紧缩的需要，以定预算。由总办事处综合所撙节的款以应付本院所需提前赶办的或与其他机关合作的事业，于是各事业的轻重缓急，有伸缩余地，不致有胶柱鼓瑟的流弊。

以上三项，均为本院定百年大计。其他局部的，如促进各所工作的紧张，尤以化学、心理及动植物研究所为最显著。减少行政费以增加事业费，扩大合作的范围，除各所与其他研究机关早经合作的仍继续进行外，更与中央博物院筹备会合办博物院，与棉业统制委员会合办棉纺织染实验馆，都是我们所当随规进行的。至于在君先生实事求是的精神，案无留牍的勤敏，影响我们全院同人的地方很大，我们也是不肯忘掉的。

追忆在君

陶孟和

我认识在君已有二十多年。第一次如何相见，得到如何印象，现在已丝毫不能追忆，大概只是普通交际场中的相识罢了。一直到后来，即最近的十几年，我才渐渐得到较深的认识他的机会。特别是在最近二年之中，他就了中央研究院总干事之职，我也到中央研究院服务，接触之机会既多而又密切，我更能发见了他的许多伟大的、足可以使我们矜式的地方。

在君的死，不待言，是我们国家无法补救的损失。他在过去对于国家及社会的种种功绩，任何人皆应首肯，不必缕述。他的最大、最成功的事业自然是在地质学方面。他是中国人做野外工作的第一人。他创设地质调查所，奠定了今日行政机构里，最科学的，科学上最有成绩的组织。他首创训练地质人才的机关，他不遗余力的训练，擢拔并诱掖有望的青年地质学者，结果为中国造成了比较任何科学部门都多的实际工作的学者，还有几位在国际学术界可以立足的权威。有一次在君这样对我说：

> 中国的地质学现在已经进步到这个地步；就是无论在中国或外国毕业的地质系学生，无论他是学士或博士，他都可以认识他在中国地质学界的地位。现在中国地质学工作的质与量都摆在这里，任何人来了提出他的工作，他的地位便决定了，不容胡吹，不许瞎捧的。（这只是大意，在君的原来语气未必是如此的）

这话大约是在民十九，民二十年间，我还记得他当时住在北平李仲揆先生的宅里。我听了这话，立刻发生两种矛盾的感想。一种感想是欢喜中国学术的进步，至少地质学已经在中国成了一种学术，有它的重心，有它的标准，有它的空气，节节进步，将与国际学术界齐驱，冒牌或外行不能羼杂在里边。地质学在中国所以有这样的成就，自然有赖于许多青年学者继续不断的努力，然而大功却不得不归功给在君。因为没有他，中国的地质学决不会达到他所说的地步。在君，后来加上翁咏霓先生，在二十年间，在恶劣的军阀时代，在腐败的衙门空气之中，不特维持而且发展了一服务而兼研究的科学组织，绝非常人所及。我的另一种感想便是惭愧，为其他科学叹息。除了地质学以外，哪一种科学在中国有固定的重心，有可靠的标准，有研究的空气。在君的话距今已五六年，只有生理学与物理学可以说将要达到地质学的地步，但是人数还极少。至于其它科学至今还是杂乱无纪，不成格局。仅就对于地质学的发展一端来说，在君足可以称为学术界的政治家。他的大量（凡认识他的人都知道他向来不仇视任何人），他的远见，他的广博的知识，他的魄力，他的爱护青年，都是他成为学术界政治家的要素，他这些美德在中央研究院总干事任内曾尽量发挥。只可惜为时不到二年，他便不能再有机会发挥了！这是中国学术界，也是国家的大损失。

在君做人方面有许多令人景仰的地方，中国人的许多常犯的毛病他都没有。第一，他永远保持他的私人经济的完整。他私人生活，永远量入为出。第二，他不说人闲话，不议论人的隐私。他对于人的好恶有时颇深，但完全从大的眼光着眼，不轻易论人的长短。第三，他不发牢骚，"不怨天，不尤人"。曾到过他在地质研究所的研究室的人大概会看见过他桌上的格言镜。他取杜洛斯基的话"勿悲愁，勿唏嘘，勿牢骚，等到了机会，努力去干"（仅记大意如此）做他的箴言，在君可谓真能实行这个箴言的。第四，他负责任。他遇事绝不退缩，凡所答应的必然实践，真有"虽千万人吾往矣"的气概。模棱，含糊，畏首畏尾，不负责任，都与他的性格完全相反的。上说的四种美德，看来似乎平常，但在中国人为稀有，而在君具备。

在君死了，他的有用的生命中断了！后死者只有继续他的精神，努力完成他的未竟的事业，共同合作建设各种科学到地质学的地步，庶几可以纪念他于永久。

怀丁在君

李　济

在君之死，不但使认识他的朋友泪流满襟；一般有民族意识的公众莫不认为是国家的一种不可补偿的损失。这种自然流露的情绪，不是偶然发生的。这可以证明他所领导的各种事业之价值，已渐为大家所能了解。究竟他对于国家及社会最重要的贡献在哪里，现在似乎尚不能说定。他的朋友谈到他，是撇不开情感的。百年后的史学家，要是研究这一期的历史，许会论定他在文化史上所占的地位。但是我们这些后死的朋友们固然不能——也不必——马上给他一个正当的评价，仍应该把我们所有的感想写出来，以便后来的史学家参考。

从好些方面看，他是一个划分时代的人。他可以算是中国提倡科学以来第一个好成绩。固然严格的说起来，他没有写很多的报告，他没发表很多的论文；关于这一类的工作，现在已经有比他成绩更好的人，但他是开创这种风气并且使之实现的人。他的提倡科学与一般的提倡，有点重要的分别。一般所谓提倡，往往都是设一个机关，位置几个"人"，发表几篇文章而已。他却倒转来做，先扎硬工夫。他办地质调查所，先从训练学生起；训练调查人员；先叫他们下煤矿作苦力工作，训练完了，成绩不合的，仍是不用他们。一切的野外工作，他都领导先干，以身作则。这种实事求是的精神，可以说是地质调查所成功最重要的原因，地质调查所工作的成绩，已为世界所公认了。出版物中，他写作的东西并不多；他的工夫完全消费在使这些合乎科学标准的工作能继续的发展下去。

在中国作科学工作的人，往往感觉到好几层避不了的困难，这种学问本不是单靠一个人的努力所能成就的。要推进科学工作，必需要有一个机关，有相当的设备，并且有些老少不等，经验不同的人合作，然后才干得下去，作得出来。凡是科学家的养成，最重要的一个阶段是他离学校以后的四五年，在这时期，他们必须要有一个地方给他们一个机会能运用他们才学会的种种研究工具。必须要有经验的前辈指导他们方向，给他们些问题，让他们慢慢的在科学界挣扎他们的地位。此后他们能不能成一个科学家，就完全看他们的力量了。但是这一段的培养是绝对的不能少的。

中国有好些有志气的并且极有希望的青年科学家，往往因缺少这一段培植的时期，把科学的生活完全断送了。在大学才毕业出来，他们或者就膺了大命作一个学校的教授或主任，初期也许可以作得很好。但这一来，非特没有人指导他们，他们还要指导别人，在学生时间所积的有限的膏油，当然不久就烧完了。等到觉悟时，也许连他们所学的研究工具都忘了，一身的事业就因此告终。这种人力的浪费可以说是中国教育界近数十年来最大的惨剧，也许这是我们所处的这个过渡时代避不了的牺牲。如何补救这个局面，实在是迫不及待的问题。

以在君的才力及学力，要是生在已经现代化的国家，他的研究工作的成绩一定可以使他站在最前线。这是我们可以信得过的。但中国的社会却不让他尽全力于这个方向。他想征服这种遗憾的困难，于是牺牲了自己的兴趣，想法子造出一种环境，使来者可以享受他享受不到的工作机会。到现在，至少在地质学方面，青年有为的都有一条康庄大道可走。这个好的影响已开始传布到别的类似机关了。若是我们的民族生存不遭意外的危险，中国的科学研究在最近的将来一定可以发展很快的。现在是地已耕了，种子已播了，肥料也上得很多了，只待发芽向上长。丁在君是在这个开荒时期的最大领袖之一，虽说他未能见全功，他已经为中国学术开辟了一个新纪元。

他的一生最为社会所不十分了解的大约是他的政治意见。这是谈在君的生活比较难解释的一部分，其实也并不是完全不可能。记得我有一次同他闲谈，说到一件科学工作计划受了政治影响而遭夭折的事。他慨然的说："你们老问我为什么恋着政治问题不舍，不集中全力作科学的工作。你看，政治不澄清，科学工作是没法推进的，我们必须先造出一种环境来，然后科学工作才能在中国生根……"由此我们可推断，他的政治兴趣完全是被动的，这一类的事并不是他心中所最愿意作的。自从他到中央研究院以后，我们看见他最高兴的时候，总是谈到与研究有关的问题；若是发现了一个能干的助理员或研究生，他尤感觉兴奋。他虽不谢绝普通的应酬，然总带些勉强，有时并表示厌倦；由此我们不难看出他的真正的志趣。

认识他较久的朋友，总能发现他好些可爱的地方。受过他教的学生，没有不心悦诚服的。大家都知道他曾提倡过所谓科学的人生观，也许只有少数知道他是一个科学人生观的实行者。他虽是一个性情中人，但是他的接人待物处处都有他的一番道理，不以琐细的恩怨作枢纽。相传徐志摩跌死的消息最初传到他的时候，他说："可惜可惜！"有一个朋友问他："你看志摩是一个什么样人？"他毫不踌躇的答道："志摩是一个好人，他向不扯谎。"至今有好些文学家的朋友多以此为笑谈。但细思之，这不但是最恭维志摩的一句话，并可代表在君的人生观。他常说向不肯研究别人的心理，一切只以行为为判。但是他的肝胆照人处，不知消灭了多少的恩怨，成就了若干大事。他对旧社会的恶习惯可谓嫉之如仇。但是他并不以过正的举动纠正之，处处他都想出一个合理的安排。他的日常生活均是近乎人情的。在家庭中，他是一个好兄弟，好丈夫；在社会中，他是一个可敬的老师，可爱的朋友；在国家，他可以算是一个新中国的模范公民。

东西文化接触中，最难融合的一段，大约是伦理观念。大多数的人把两方面的坏处都学会了，有些找不出选择的标准，结果只作了习惯的奴隶。看在君的为人行事，不但能保守旧社会的美德，并尽量的采取了西方人的长处。由他的努力，我们可以悟到他所提倡的人生观，非特可以行得通，并且是甚合乎现代需要的。

廿四、一、廿四。

丁在君先生

汪敬熙

在民国二十二年以前，我虽然常常看见丁在君先生的文章及听见朋友们说他的事迹，但是从来没有见过他，二十二年才见到他。二十三年他约我到国立中央研究院来做事，我才同他相熟。这将近二年的在他指导之下做事，使我十分敬爱他。他在我心中留了一个不灭的印象。

他做事完全以事业为主体，决不像我国平常所谓办事能手之专以应付人为做事的中心。如果为事业所需要的事，无论这事他人以为如何难办，他必想法子去办到。他用将近年余的时间成立国立中央研究院的评议会就是一个例子。他也决不牺牲事业去将就人情。

在国内办教育事业的人中，我只遇到他一个，是真抓住办此种事业的要诀的。他谨慎的选择人材，费心费力的编制每年预算。人选定了，预算编好了，他一任这些人放手去做事。遇有困难，他总是尽力帮助，使人得安心工作。他绝不求速效，也丝毫没有"察察为明"的小家子气。但是他对于院内各部分工作情形却是知道极清楚,并且时时刻刻的想院内各种工作的主体方针。

有人或者以为他过于专擅,但是他是十分守纪律。章程一定,预算编成,他总是遵守的。有人或者以为他待人欠礼貌,但是他真是十分的赤诚待人。同他共事久了,不知不觉的敬他爱他,乐于为他出力做事。

他还有一个特点,他十分留心各项人材,尤其是青年的人材。他不但时常问到青年人材,并且真心想法子去帮助他们。他对于青年的人材,丝毫无"门户"、"省界"、"学校"等等偏狭之见。只要有一技之长,他知道了,总是记在心里,有机会他必帮忙。

他在地质、地理、人类诸门学问上的成就,专家自有定论。他自己说过,他青年时受T. H. Huxley及Francis Galton的影响颇大,现时的作家,他最喜读Bertrand Russell, H. Z. Laski, H. G. Wells及Julian Huxley的文章。他是国内科学家中眼光最阔,智识最博的一个。

他的性命是为着不值的事情牺牲了。国家失掉了一个极不可多得的人材。就个人方面说,失掉了一个好上司,一位好朋友,我们可惜他,我们想念他,我们对于他的夫人的悲痛,更是万分的同情。

悼丁在君先生

凌鸿勋

民国二十四年十二月八日丁在君先生由南京来抵衡州。翌晨发觉其于夜间吸受煤毒，急施救治，历一日半始获清醒。十五日疾已大瘳，乃由衡阳移长沙湘雅医院休养。乃十二月下旬忽生变化，于二十五年一月五日竟尔不起，伤哉！世界少一学者，中国丧一导师，岂独个人哭一良友而已。

余与在君先生订交在民国十一二年间旅居北平之时。嗣先生主沪政，余长南洋大学，乃得晨夕过从。民十七余于役苍梧，先生适赴西南勘察，道出苍梧，班荆道故，乐乃无极。其离桂也，采集各种标本数十箱为关吏所留难；时距汽船开行只半小时，余为驰赴梧关解释放行。嗣与先生晤及，辄道其当日遑遽之情状。先生之赴西南也，铁道部曾托以踏勘川黔出海之路。先生主张由重庆经黔桂以出广州湾。曾著有《川广铁道路线初勘报告》（民国二十年十一月《地质专报》乙种第四号），言其山川里程与经济国防之旨甚详。自后余远处关中从事于陇海铁路之西展。偶与先生晤及，辄纵谈铁路建设之事。以筑路成本甚重，而国家经济枯竭，必须以最小之资本，先筑经济能力最大之路。先生固地质专家，而因足迹所经，于山川形势，民生情状，了如指掌；自无怪于铁路经营深感兴趣也。

近年余在湘办理粤汉路工，先生适自平移京任中央研究院总干事。余每到京必访先生，先生必与谈今后新路路线选择之事：若者值得测勘，若者为山川所限，若者为经济所不许；每以岁月蹉跎，新路不能多展为叹。二十四年六月间，余赴京至中央研究院晤先生，先生遽起曰："君已为中央研究院职员，从此更可相聚矣。"余愕然。先生曰："君已被推为本届评议员。"余曰："此何事，而可以少壮之年任之！"先生因盼余对院事积极合作，且慨然于我国学术之消沉，谓："此评议会，若在数年前，尚不易成立也。"

余以粤汉路工行将告成，沿线实业必须同时开发。而湘南矿产素丰，究何者宜于开采，自宜有专门研究方能昭示于国人。曾与先生讨论及之，拟请其委派专员莅路探勘，先生允焉。二十四年十二月初，余在衡得铁道部顾部长孟馀先生来电谓：已约在君先生赴沿线探查可开之煤矿，嘱妥为招待。余喜先生之亲自莅临也。八日先生自谭家山矿场行抵衡阳，欣然道故，愉快之状，为苍梧以来第一次。是日为星期，相约休息一日，定翌日同赴耒阳马田墟一带勘察。余馆先生于粤汉公寓，即邀先生视察耒河桥工，旋憩于嘉树园（粤汉路苗圃）。两人对茗，相与讨论沿线煤矿之情状。先生以为湘南虽多煤，然苟非靠近路线者，则运输成本较重。举其距路最近，而较有开采价值者，则湘潭有谭家山，耒阳有马田墟，宜章有杨梅山；粤之乐昌有狗牙洞。谭家山产烟煤且可炼焦。马田墟一带为华南最大之煤田，距路至近，惟系无烟煤。杨梅山，狗牙洞两处有无开采价值尚待研究。嘱将此四处煤质各取数吨试用，以资参考。先生于讨论煤矿之余，即转而纵论国家之事，以为吾辈亟宜有以自奋，趁此壮盛之年急起苦干，为国家建事业，为后学树楷模，言下深致责备贤者之意。余自识先生以来，其态度之诚挚，谈锋之雄健，无逾此者，孰知即诀别之语耶！

八日晚间先生留余家便饭，九时送其回馆，所住为铁路一洋式住宅，所以备宾客往来者。同住尚有中国旅行社港粤经理邓凌两君。两君定翌晨赴长沙，而先生则约于八时与余赴耒阳也。

九日晨七时半余扣先生户知尚未起，其仆谓久撼而未醒也。室中有壁炉，曾于先一日下午生火，先生睡时将所有气窗关闭，于是同人决为中毒。立召铁路陈袁二医生至，时呼吸仍有，而脉已微。急施救治，不见醒转，旋察其枕下遗有安眠药瓶少去三片，因决系夜睡过熟致中毒不觉。因一面召教会仁济医院美人布医生，一面电嘱朱经农兄觅一良医来衡。是日午间由公寓移住仁济医院，是夜湘雅杨济时医生至。但至十日上午仍未见醒，余乃急电询翁咏霓先生，而在君先生于十日晚即

悼丁在君先生　　**73**

已醒转。翌日咏霓先生偕医飞至。在君先生已能言语，尽忆前事，相与大慰。以衡地医院设备不周，因商定稍俟即移长沙湘雅休养。十五日先生身体大有进步，湘雅杨医生复来，以为正宜移居湘雅。因由杨医生与铁路陈医生陪同先生赴长。余以工务逼迫，于先生赴长之翌日即南下勘工。旋得湘雅杨医生书谓：丁先生病状大有起色，肺部经用X光检查甚为健全，数日之后，即可就愈云云，为之大慰。讵意先生于十二月二十三日起牵动旧恙，情形恶化，一月五日竟尔不起！余自别先生后即由粤赴京，迫余复由京至粤之日，正先生弥留之际，竟未及再与先生一面，鸣呼，伤已！

先生学问之渊博，思想之敏锐，治事之勤干，谈锋之雄健，与待人之精诚，凡识先生者，当能道之。至于先生学术之启阐，与事业之造就，他日必有史官书之，余可无录。兹余之所述，仅其生平之一小节而为他人所或不详者。先生为粤路而来，在粤路得病而终于不治，年未五十，国家与社会之损失何极！此则余之悲痛尤有过他人者矣！

最后一个月的丁在君先生

朱经农

　　此次在君先生到湖南来，他所负的使命，除了视察粤汉铁路沿线煤矿外，还有一件附带的工作，就是视察几个学校。因为这个缘故，所以他同我在一块的时间较多。他是民国廿四年十二月二日深夜到长沙的。我因为长沙的旅馆不甚清静，所以在省府招待所替他预备下一个房子。哪知他下车以后，一定不肯受地方上的招待。他说，"我此次来湘，领有公家的旅费，不应该再打扰地方政府。我无论到什么地方，都愿意自己住栈房，比较地心里安些。"经欢迎的人再三相劝，才允在招待所暂住一夜，次日仍拟迁入栈房。幸而到招待所以后，遇见前青岛大学校长杨今甫先生，他告诉在君先生，他和陈通伯先生都住在招待所，觉得很清静。通伯先生前一日才动身回武昌。清华大学教授张子高先生也答应搬来同住。在君先生向来笃于友谊，在他乡遇见这样两个老朋友，自然非常高兴，所以安心住下了。

三日上午九时左右，我到省府招待所，在君先生房内已有湖南地质调查所的朋友们在那里谈天，桌上放着些煤矿的蓝图。我知道他已经开始工作，所以退到今甫、子高两先生的房里去谈天。大约一小时以后，他就邀子高和我同去看学校。他每到一处，他的视察非常周密。他对于一个学校的建筑是否合用，建筑材料的坚实程度和价值高低，都估计得很清楚。尤其注意于学校将来发展的机会。他做事的精细和判断的明确，使我们同往视察的人非常佩服。是日视察终了以后，他就邀我同往明德中学去看胡子靖先生。他说，此次到湖南一定要看两个人，一个就是子靖先生，因为他童年到日本留学，是子靖先生带他去的。第二个就是他的师母龙研仙夫人。他对于已故的老师龙研仙先生很有知己之感。他说，他若不遇见龙先生，他一生的历史或者完全不同，至少，也不能那样早出洋留学。可惜那天我们到明德学校，胡先生业已外出，未得晤谈机会。龙研仙夫人的住址，仓卒间无法查明，所以便回招待所休息。

四日在君先生视察地质调查所，并整理前一日视察所得的材料。下午曾拜访郭若衡，萧秉文诸先生在所商谈。晚间作长函致南京王雪艇部长，报告视察学校经过，并决定次日同游南岳。他此次游南岳，除了调查地质，并勘测南岳高度外，还有一个目的，就是凭吊他已故的老师龙研仙先生纪念亭。

五日清晨，方拟出发，他接到胡子靖先生来信，邀他到明德中学去讲演并吃饭。他匆匆写了一封回信，大约说："讲演肚里空，吃饭肚里实。"都请作罢，不过回长沙后，一定诣校长谈。不料这个预约，他竟不能实践了。是日匆匆乘汽车出发，到南岳已经正午。同行三人（在君，子高，与我）就在山下中国旅行社午餐。饭后雇轿登山。在君虽雇一轿，始终未坐。子高和我沿途游览风景，在君则工作极忙，忽而俯察岩石的裂痕，忽而量度气候的度数，无时无地没有新鲜的资料供他的研究。久雨之后，天忽放晴。我等缓缓登山，云雾亦缓缓消散。未及半山，业已日朗气清，万峰在望，大家都很高兴。决定当夜在半山亭下中国旅行社新屋过夜。安置行李及轿夫之后，三人同至烈光亭读龙研仙先生的纪念碑。在君在碑前徘徊甚久，并为我等追述当年如何遇见龙研仙先生，命其作《通西南夷论》，如何劝其研究科学，并托胡子靖先生带其出洋。谈话之中，流露出深切的情感。旋沿山径，行过新建之三座石桥。桥下乱石鸣泉，峰前松风残照，景色至为清幽。遥看磨镜台上，万树丛里，现出几座新建的楼台。红墙碧瓦，林峦增色。缓步归来，则已山月窥人，树影满地了。既抵寓所，挑灯闲话。晚餐以后，遂各归寝室休息。

六日黎明即起。推窗远眺，见天际红霞一抹，朝暾初上，山畔白云，渐渐消散，远处峰峦高下，状似波涛起伏。正在徘徊吟咏，在君、子高均来。在君出其晚间所作诗稿相示，自言字句音韵多未惬意。但我等读之，觉其真情流露，富于自然之美。现在把他所作《烈光亭怀先师龙研仙先生》两绝抄在下面：

> 十五初来拜我师，为文试论西南夷。
> 半生走遍滇黔路，暗示当年不自知。

> 海外归来初入湘，长沙拜谒再登堂。
> 回头廿五年前事，天柱峰前泪满腔。

这是凭我记忆所及写出来的，字句之间或有一二小错误，待查在君先生日记再行校正。他那晚所作的诗我还记得两首。一首是《麻姑桥晚眺》：

> 红黄树草争秋色，碧绿琉璃照晚晴。
> 为语麻姑桥下水，出山要比在山清。

还有一首《宿半山亭》：

> 延寿亭前雾里日，香炉峰下月中松。
> 长沙学使烦相问，好景如斯能几同。

早餐以后，继续登山。在君先生依然勘地质，测气压，计算步数，缓缓前进。过了南天门，山风怒号吹人欲倒。几乘空轿险些被风吹翻。我等逆风而行，呼吸都觉得艰难。在君先生依然继续做他的勘测工作，并不休息。到了上峰寺（亦作上封寺）他还余勇可贾，立即走上祝融峰。午间在上峰寺吃面，即在寺中整理笔记。据他测算所得，南岳约高一千一百米突。他慎重声明，此种测算，不甚可靠。必须山上山下同时测验，并且在不同的温度中作过几次的比较，推算出来，才能正确。不过大体看来，衡山不及庐山高。

由上峰寺下山至藏经殿，复至福严寺。寺中有石刻彭玉麟所题诗，笔力遒劲，在君甚爱之，向寺僧购得拓本五份。自云，将以之分赠雪艇、孟馀、子高及我，并自留一份。除子高取去一份外，余存在君行箧中，不知尚能寻出作一纪念否。

入南台寺，观贝叶经，复下山，至南岳图书馆，天已傍晚。应康和声先生之约，在馆中晚餐。承康先生购赠南岳所产大橘数十枚，汁多味美，颇为在君所赞赏。当晚宿山下中国旅行社。

七日清晨，在君乘粤汉路局派来之汽车赴谭家山勘矿。子高与我同回长沙。他在谭家山勘矿的情形我不大清楚，无法记载。只晓得他八日乘车赴衡阳，当晚渡江在凌竹铭先生家晚餐，聚谈甚欢。因为衡阳江东无旅馆，所以凌先生留他在路局招待所过夜。约定次日上午八时赴耒阳勘矿。是晚烈风骤雨，温度陡降。在君先生登山、下矿之后，身体倦极，非常畏寒，故将室内门窗全闭，沐浴入寝，倒头便睡。谁知风雨过猛，壁炉中煤烟不能上升，倒灌室内，遂致中毒。

九日清晨，仆人入室呼在君先生不醒，见其呼吸急促，面色异常。及邀路局陈医生来诊，始知系中煤毒。医生三人轮流施人工呼吸，历五小时半，未见清醒，乃用铁床，将在君先生运载过江，送入仁济医院救治。一而由凌竹铭先生用电报及长途电话，托我在长沙延医往救。

九日上午，我尚接到在君先生来电，谓定十日返长沙，即日转车回京。因都中另有要事，促其速归，故变更原定旅程。该电系八日晚间预拟，托人代发，所以下午四时由建设厅转来电话，谓在君病重，尚觉疑信参半。五时左右，接到竹铭长电，才知在君中煤毒，历久不醒。立即用电话与湘雅医院商量，承王院长特别帮忙，允请内科主任杨济时大夫即刻赴衡。当时湘中正有匪警，公路局汽车均派出当差，一时无车可借。迫不得已乃向财政厅长何孟吾先生公馆借其私人所用之汽车。其时何先生不在长沙，他的汽车夫经验不足，不敢开夜车。所以车虽借得，无人驾驶，依然不能出发。后来还是建设厅余剑秋厅长在公路局调到一车，将杨医生送往衡阳，直至深夜，方才达到。其时在君先生依然不省人事，当地医生认为希望极少。经杨医生详加检验，知体内水分已竭，血液凝滞。乃于次晨注射多量盐水，并灌葡萄糖汁，以维持其体力，直至十日晚开始有转机，十一日上午四时渐渐清醒过来。

十一日上午翁咏霓、丁巽甫诸先生偕在君先生第七令弟乘飞机来长沙，随即换乘汽车前往衡阳，我亦随行。抵衡阳时天色已晚。于暮霭苍茫，万家灯火中，入城赴医院，探视在君先生病状。既至榻前，彼即低呼经农，声极微弱，不易辨明。问其有无痛苦，微呻而已。当九日下午杨医生未到以前，衡阳各医师用器械，阻其牙关紧闭，并拔去牙齿三颗，口腔喉头均被擦破，至此渐觉痛楚。

十二日清晨再往探视，则在君先生神志清醒，言语时声音虽小，但有条理。因恐其过于费力，未敢多谈。与翁咏霓先生同来之南京中央医院内科主任戚寿南大夫，详加检验之后，认为经过良好。在君先生亦强作笑容，以慰来衡问疾之人。自朝至夕，病情颇有进步。

十三日黎明，翁咏霓先生等离衡返京，戚大夫及我亦同行。在君先生病状亦似渐入佳境。十五日杨济时大夫复由长沙赴衡，与衡城医生会议之后，决定十六日将在君先生迁至长沙。因衡阳方面，医院设备不甚完全，且少训练有素之护士，故觉迁入湘雅，疗治稍易。承凌竹铭先生及衡阳路局诸友好竭力帮忙，将路局大货车改装成病车，连床运载来省，直达湘雅医院。杨医生及路局陈医生夏主任等均随车护送至长沙。入院以后，情形甚好。用X光检验，发现心肺诸部均未受伤。复经辜乐懿女医师诊治，口腔及喉管亦平复如常。惟满身疼痛，胸前尤甚。十七日以后，温度脉搏均渐复常态。不久傅孟真先生由北平来湘探病，丁夫人及在君之第五令弟亦由南京赶到。亲朋欢聚，病者精神为之一振。至廿二日下午，在君强欲起床，且言明日必须自入浴室沐浴一次，医者不许。廿三日上午，得医生许可，经人扶掖至椅上小坐。一小时后觉胸前痛苦陡增，不能支持，乃复上床静卧。午后体温增高。至廿四日温度续增至四十度左右。经外科主任辜仁医生（Dr. Greene）检验，发现胸间有脓。日间灌输养气，以减少其呼吸的困难。当晚施用手术，取出脓水五百c.c.之多。次日复取出脓水少许，温度脉搏又渐复常态。是日我至床前，设法安慰在君，告以脓已取出，病根既去，必日见康复。他摇着头说：你的判断不合科学。此数日中，我因平津学潮影响湖南教育，学生游行，谣言四起，终日碌碌，未能常至病室照料。二十七晚间，在君体温忽又陡增。二十八日黎明，辜医生诊察之后，决定开刀。在胸腔内取出业已凝结之厚脓一百五十c.c.，并发现肋骨受伤。肋膜炎之起，即由于此。开刀以后，体温立即下降，脉搏亦趋平和，同人均抱乐观。越两日，竹尧生、徐韦曼两先生偕北平协和医院外科主任Loucks来湘，复用X光及其他方法重加检验，所得结论，似与杨辜两医生所见相同。惟在君在开刀一二日后，即不言语。右膀右腿，动作均感困难。咸疑其脑之左部有病。所幸食量不减，睡眠亦安，故诸医认为短期之内不致有重大变化。一月二日尧生、孟真，和协和医生均暂时离湘。三日在君病无变化。四日体温陡增，呼吸急促，脉搏紧张，危险万状，诸医合力救治，灌输氧气，打针，凡可用之方法，无不试用，忙乱一日，至晚稍安。五日黎明，脉搏高至一百七十以上，体温亦达四十度，喉头痰响，已入弥留状态。虽施用手术，打强心针，终不能挽回危势。延至下午五时四十分，在君遂弃我等而去矣。

我离长沙之际，剖观结果尚未明了。近闻在君血管均已硬化，心房及脑部血管坚硬如鸡毛管。究竟是否因此致命，尚待医生最后报告。

此文草于上海，手边无医院记录及其他参考资料，全凭个人记忆，匆匆写出。其中或有漏误，尚望杨济时医生，傅孟真、凌竹铭、徐韦曼诸先生代为校正。

一月二十五日在上海

亡弟在君童年轶事追忆录

丁文涛

涛昆季凡七，亡弟在君于次，仲也。弟生而有殊禀，神悟卓绝，先严吉庵公，暨先慈单太夫人，甚钟爱之。顾先严常婴心于地方公益，规裁董率，洪纤必亲。又自高曾以来，置有义庄，周恤戚党，诸事旁午，鲜有暇晷。涛兄弟以养以教，壹以委之先慈。先慈于涛兄弟，爱护周至，而起居动止，肃然一准以法：衣服有制，饮食有节，作息有定程。一钱之费，必使无妄耗。事能亲为者，必使亲为之，毋役僮仆。即不能，偶役仆僮，亦不得有疾言厉色。平居谕涛兄弟，必诏以志远大，毋囿流俗。以故亡弟成童外出，周历瀛海，去家万里，绝无怅惘可怜之色。迄回国以后，陟遐荒，探地质，缒幽凿险，劳勚不辞。而行旅不恃僮役，御下必以宽仁，公私费用，罔敢稍糜，盖早于幼稚时代之家庭教育植其基矣。

亡弟于襁褓中，即由先慈教之识字，五岁就傅，寓目成诵，阅四年，毕《五经》、《四子书》矣。尤喜读古今诗，琅琅上口。师奇其资性过人，试以联语属对曰："愿闻子志。"弟即应声曰："还读我书。"师大击节，叹为宿慧。其他如以"虎啸地生风"，对"鸠鸣天欲雨"，年才髫龀，而志趣不凡，固不独颖悟天成而已。

亡弟就傅后，于塾中课业外，常浏览古今小说，尤好读《三国演义》，独不喜关云长之为人，曰："彼刚愎匹夫耳，世顾相与神圣之何耶？"六七岁后，即阅《纲鉴易知录》，续读《四史》《资治通鉴》诸书，旁及宋明诸儒语录学案，每毕一篇，辄系以短评。于古人，最推崇陆宣公、史督师。又得顾亭林《日知录》、黄梨洲《明夷待访录》、王船山《读通鉴论》，爱好之，早夜讽诵不辍，重其有种族观念也。时取士犹用八股文，塾师以此为教，亡弟亦学为之，偶一文成，师必称善，而弟顾以为是直优俳学语，不甚措意。于古文，始尝推许韩昌黎，既而病其思想之隘，弃去之，独乐诵大苏纵横论辩之文。年十一，作《汉高祖明太祖优劣论》，首尾数千言，汪洋纵恣，师为敛手，莫能易一字也。

弟在塾中，与同学顾子甸青最相得，顾年稍长于弟，然皆未及成童也。每课暇，两人者相与援引历朝军国重事，剖析利弊，商榷得失，或推论当代政治良窳，人才贤否。后顾学师范，年甫及壮而夭，弟为文哭之甚哀。

弟年十三，出就学院试，时盖戊戌政变后之翌年也。会攸水龙公璋，以通人宰邑政，兴黉舍，倡新学。闻弟有异材远志，语先严，挈弟入署，将面试之。弟食指适患疗，而以邑宰再四敦促，不得已。入谒，试以《汉武帝通西南夷论》，弟文多所阐发。龙大叹异，许为国器，即日纳为弟子，并力劝游学异国以成其志。而赴东留学之议，乃自此始。

弟之将赴东也，戚友多疑阻，先严不免为所动。缘泰兴为滨江偏邑，风气锢塞，远涉数百里，已非习见，遑论异国。又先一年，先慈甫谢世，故先严尤不愿弟远离膝下。然以弟游学之志甚坚，始从其请，而资斧不足，先严举债以成其行。既留东一年许，复偕李毅士、庄文亚赴英。计亡弟出国，前后九年，锐志深造于学术。然弟在欧每以费用不赀，重先严负担为忧，故有上江督端方乞补官费书，书中并论及国事，端优词致答，始饬本邑拨助公费数百金。

弟性孝友，幼侍先严先慈，顺意承旨，动定无违节。与涛处，自解言笑，未尝有一语之忤。当其东游，涛意亦欲外出以自奋于学。弟谓涛："不有居者，谁侍庭帏？不有行者，谁图国事？家与国，尔我当分任之。"自后涛所以甘于蜷伏者，成弟志也。弟赴东以后，函禀先严暨与涛书，前后三百余通，肫恳而周至。而先严暨涛与弟书，亦各数百，此可宝贵之来往手札，先严之训诲，昆季之至情，家庭社会国家之状况，乃至异域之政治制度风土人情，毕具于是。曾由涛衷集成帙，归于弟所，某年竟遗失于天津旅次，迄今思之，可胜惋惜。

凡兹琐琐，皆亡弟早年言行，为涛所能记忆及之者。外此则以涛健忘，不复能缕纪矣。然弟出国以后，以至近年，尚有一二足纪，而为外人所未及周知者，附记于后。

弟某年自东返，书赠族叔祖绣村一诗云："男儿壮志出乡关，学业不成誓不还。埋骨何须桑梓地，人间到处有青山。"诗本曰西乡隆盛句。盖亡弟遗嘱所云："死何地葬何地"者，其志早定于三十年之前。

弟自英学成归国，适辛亥革命，邑中警报频传，不逞之徒，乘机煽乱，萑苻遍地，四境驿骚。弟抵里，倡编地方保卫团，经费不给，则典鬻以济之。又手定条教，早夜躬亲训练，以备不虞。卒之市民安堵，风鹤不惊。盖弟非第以学术见，而治事尤富干略，于此已小试其端矣。

有杨金者，尝从美人某，得钻矿术，美人回国，杨落魄，不能自存活。或怂恿之，使至北平，谒亡弟于地质调查所。弟叩以钻矿术，知有所长，为介绍于某矿场。不数年，颇有余资，杨乃走北平，以二千金献弟，曰："微公，某不能有今日，敢以此为报。"弟却之，杨固以请，弟方为地质调查所募款筹设图书馆，乃请杨以一千金捐为建筑之资。又数年，杨已致富，不从事钻矿矣，方营面粉厂于徐州。某年，弟在大连，一日，得函，署名杨树诚，启封，则五千金汇票也。且附以书，曰："公于某，卜蓍生死骨肉。今某已富，则公弃官后多债负。某不报公，无以为人。公如见却，是以某为不义矣。"弟始知树诚即金也，鉴其悃忱，勉受之。弟生平俸给所人，以供衣食所需，及弟侄辈学费，耗去无遗，今身后所有之余资，仅杨所酬赠者耳。

弟之立身处世，在实事求是，公而忘私。自回国任事以来，或以弟未尝援引乡人有所不慊。然弟之用心，在为事择人，不为人求事。苟其人学有专长，汲引惟恐或后，不论其为乡人否也。苟非其人，虽至亲密，亦不敢以私害公。亲友书至，或干以私，辄婉辞谢绝；所求者果以正，则必应其请。泰兴出产，以酒为大宗，数十万人生命系焉，民国十五年，无锡税所与泰邑酒商为难，扣留酒船百数十，弟得商人请，立为援手，得不增税。戚属何君簣庵，故总角交也，然已十年不通音问。国民军北伐时，其族人某，以国民党员，在南京运动起事，为当局所捕，将置之重刑。簣庵致弟书求营救，弟立电当局释之。

自弟奔走中外，涛终岁常不获一见，见则骨肉至情，溢露意表，谓此天下之至欢也。去夏，涛卧病几殆，弟函电嘱涛子妇，每日必以病状告。迨涛病起，十月至京，相见握手，快慰逾往昔。弟夜寝故有定时，而此次絮絮语平生，恒过午夜，别时恋恋不忍舍，殆若最后之永诀然。弟在衡罹病，涛以阻于乡僻，不获往视。旋得七弟书，谓病有起色。迨十二月二十三日，五弟来电，谓："江病可无碍，但须长期休养。"并嘱涛赴京。涛得电，冒雪立行，拟由京转湘。而弟辈自湘电告，复嘱勿往，涛又以在途患疾，留滞都中。呜呼！孰意涛颠顿途次之时，正弟在湘奄化之日乎？家人戚友，虑涛猝闻惊痛，不以实告。弟既逝之二日，翁咏霓、秦景阳二先生来晤涛，犹隐约其词，不忍使涛知也。呜呼痛哉！

我的二哥文江

丁文治

生命真是一个谜，过去五星期正和梦一样，民国廿五年一月五日下午五时四十分在长沙湘雅医院三楼病房里作最后一次呼吸的是我的二哥文江，我虽亲眼看见也总不能相信。上月十日我在南京听到他在衡阳中煤毒的消息，十一日下午八时就去到他身边，直到他死我是在他身旁看护的。他初期清醒后和我的谈天，昏迷时的呓语，疼痛时的呻吟，病状演变的情形，历历如在目前，容在脑海苦忆，何如写在纸上清楚？

他究竟是什么病死的？协和湘雅两医院全有见解，尸体解剖的结果，湘雅方面将来也有报告，现在不必说。我们所知道的，他这次往湖南去的最大原因是两个煤矿的诱惑和他个人旅行兴趣的浓厚。到了湖南，十二月六日徒步登三千呎高的南岳衡山，下山后的次日又下一个深四百呎坡度四十五度的矿井。夜间必须好睡，不能好睡时则吃安眠药，这原是他的做工方法之一。他的鼻子没有嗅觉，他缺少用壁炉的经验，因此在过于疲乏之后鼾睡之下中了煤毒。衡阳方面如果有像长沙方面的医药设备和人才，不至于行人工呼吸将筋骨折断，长沙方面如果有更好的设备和人才，许多潜伏的病或不至于查不出来，这是中国内地医药困难和一般医士程度的整个问题。我绝没有攻击此次的医生和医院的意思；反之，我对于他们的帮助十分感谢，这次他们每人用尽了能力和思考力。

我不仅感谢医生的尽力，更感谢他许多朋友这次对他的帮助。南京的朋友们接到他中煤毒昏迷的消息后，曾设法将戚寿南医生于一天内从南京送到衡阳。长沙、衡阳全没有救护车，凌鸿勋先生特地将运货车装上窗户，将衡阳的街道测量选择，使得这大汽车可以从医院后门一直开到公路上。三次向协和医院请医生全是胡适之先生代我们接洽的。湘雅方面没有可以随身带的爱克司光器具，徐宽甫先生从南京中央医院借到坐飞机带去。傅斯年先生到长沙探视他的病，因为看到他病势加重，傅先生索性搬入医院内和我们共住了一星期，劝他吃饭，参加医生的诊断，帮助家属决定重大的事，傅先生有时夜间睡不着，五时许就起床到病房内查看夜间四时的体温和脉搏记录，这是多么深切的友谊！朱经农先生是这次帮助我们最多的一位。生前陪同游衡山的是朱先生，请长沙湘雅医院医生往衡阳去救急的是朱先生（朱先生常说那天的情形，请到了医生找不到汽车，借到汽车还要另找汽车夫），现在答应代在长沙物色葬地的也是朱先生。他的朋友们事前的帮忙是如此，事后所表的同情尤给我们很大的安慰。我们常将各方的问病电和吊唁电读给终日哀泣的嫂嫂听，使她也得到安慰。

关于他的为人和学术上的成就，将来或有人作忠实的评论。但若就我知道最清楚的他对家族关系说，他的行为信念确是尽善尽美。他从廿六岁自英归国后开始，在上海教书得到收入，立即担负赡养父亲和教育兄弟的责任。从廿六岁至四十八岁的廿二年中，他先后担负：（一）对母舅每年五百元的赡养，（二）对一位贫困兄弟每年三百元的津贴，（三）对四个小兄弟和一个侄儿的小学中学大学的教育费用和留学费用，（四）家庭中任何人意外遭遇的支出。所以全家的重心在他身上，全家的经济的压力也在他身上。有一时期每年多至三千元，当时他没有丝毫资本的收入，全靠劳心劳力得到的报酬，因此他不得不离开地质调查所去创办热河的北票煤矿。现在想起来，我们家族对他全是罪人，我们这个家是一个拖累可以有为的人下水的家，他没有因此受重累，只因为他的能力强大。

我过去所受的教育，家庭教育多于学校教育，而家庭教育完全是他给我的。他常劝他的朋友们如何教育他们的子女，他要他们能感动子女（他常说 You must win them over）。对于我们的身体发育，心理卫生，个性发展，责任心的培养，判断是非的能力，刻苦的志趣，智识的灌输，道德观念的标准，他没有一方面注意不到或注意到而不懂怎么做的。他不愿意我们的人格发展受他自己已成的人格的限制，所以他时常将他自己的短处说给我们听，同时他所见到的真理也不肯不告知我们，示我们以捷径，因此他和我们谈做人和做学问的任何信念时，他是很有分寸的。他的信念就他对于我们的关系说可以分为三种：一种是要我们切实相信的，在思想方面为智识界已成立的许多定律和事实，在做人方面为勤、俭、勇敢、同情心、愉快、好美诸种品性。一种是要我们绝对不相信或不要做的，如中医、迷信、投机、借用免票、取用公家信纸等全是具体的例子。一种是由我们自由判断采择的，如政治思想、经济组织、宗教信仰、文学作品的好恶、家族观念的有无、婚姻的条件、主修学门的选择、国家观念种族观念的强弱。

在现在这国家社会国际环境之下，一位兄长的死亡，我实不应当感觉如此深的痛苦如现在我所感觉到的。然而他对我的惠益是一种长兄、严父、慈母、保姆、小学教员、中学教师、大学教授、社会上我所信仰所注意的一位学者所总和起来的惠益。他的死亡等于上述诸人同时死亡，这是世间上一人与另一人的关系上极少有的事。我不是妄希望他永不死，不过从他病中所表现的抵抗力和平时生活之有规律和卫生澈底看，他活四十九岁就死去，损失的不仅是他的身体、形态、声音、风趣、还有他四十九年来学就的能力，成熟的经验，和将来可能的更多的成绩。

廿五年一月十四日

做教师的丁文江先生

高振西

丁文江先生的生平事业，是十分广博的。他教书的时间，比较不久，似乎是无关轻重。但是他确是一个极端优秀的"教师"人才，配作教师先生们的模范的！直接受过他的课的学生，同与他在一块儿教书的同事，没有人不承认这种事实的。他最初回国的时候，一度在上海南洋中学教书，大概不久就另有他事。民国三四年间，地质调查所设立一地质研究班，他在那里也担任相当课程。但是他正式的教书，只有民国二十年到二十三年这个时间了。他在这四年当中，专任北京大学地质系的教授。我们曾得到直接受教的机会，而且相处有四年之久。我们真正的觉得，丁先生不只有作教师的资格，而且能全部的尽了他做教师的责任。

学校里的课程，是循序渐进的。时间的分配，是根据课目的分量的。所以教书，是需要相当的时间，逐步推进。民国二十年以前，丁先生有时候住在北平，北大的当局与学生曾经多次请他到北大任课，都被他因为"没有充分的时间"拒绝了。大概是民国十六七年间的时候吧，他在北平闲住，北大又作教书的请求，并拟定了一个课目"中国西南地质"，请他担任。但是他大发脾气的说："什么西南地质西北地质的一大套。地质是整个的，纵然各地稍有不同，也没有另外专课的必要。要是这样的开设起来，你们的学生有多少时间才够分配？我根本不赞成这种办法，我是不能去教的！"那个时候，他正在失业，生活有相当的艰窘，他竟然坚决的辞谢了聘任。他顾不到或认为不合理的事情，他是怎么样都不肯去作的！

他在北大教的是地质学，是他自己认为他能教的，所以才"惠然肯来"。他不教则已，他既教了，他是用尽了他所有的力量去教的。教材部分，决不肯按照某种或某某数种教科书上所有的即算了事。他要搜集普通的，专门的，不论中外古今，凡有关系之材料，均参考周到，然后再斟酌取舍。所以他上课的时候，拿的不是巨册大书，而是零星的单篇。他尝说："不常教书的人，教起书来真苦，讲一点钟，要预备三点钟，有时还不够！"此外他对于标本挂图等类，都全力罗致。除自己采集绘制外，还要请托中外朋友帮忙，务求美备。当时地质调查所的同事们曾有这样的笑话："丁先生到北大教书，我们许多人连礼拜天都不得休息了。我们的标本也教丁先生弄破产了。"足证他教书的"郑重不苟"！

丁先生是很会讲话的，他能利用掌故小说，以及戏曲歌谣一类的故事，加以科学解释，有许多科学的理论是很干燥乏味的，听讲的人不只不容易发生兴味，且会被引入睡乡的。勉强记着了，印象不深，不久就会忘掉的。丁先生最能用极通俗的故事，滑稽的语调，渐渐引人入胜。地质学所讲，无非是死石枯骨不顺的名词同干燥的数目字，但是听丁先生讲书的，向来没有觉着干枯，个个都是精神奕奕的。

有一次讲到河流泛滥的时候，还没有讲，先问学生："你们都听过打花鼓那段戏的吧？'说凤阳，道凤阳，凤阳真是个好地方，自从出了朱皇帝，十年倒有九年荒！'"惹得满堂大笑。才继续的讲道：凤阳本是最富庶的地方，洪武初年，黄河改道，将改未改的时候，河水每每泛滥，演出水灾，所以十年倒有九年荒。……凡听过这次讲演的人，决不会忘了洪武初年黄河改道的事实，且能联想到改道的原因同泛滥的原理。讲到基性火成岩的风化情形，他拿一块标本，说你们看像一个马蹄印子不像？这俗话叫作"马蹄石"，说是穆桂英骑的桃花马踏成的，山西北部，到处都有。然后再予以科学的解释。地球上水泽平原同山地所占的面积的比例，用数目字表示出来，是何等难记！丁先生讲的是，我们江苏，有一句俗话："三山六水一分田。"这句俗话上的数字，确是恰与地球整个的数字相同的。这一句俗话而有这样的重要，学生听了决不会忘掉的。丁先生这种"巧于比拟"、"善于解释"的灵活教书法，不只靠广泛的知识，而是超众的天才。

学习地质科学，实地练习，比较学校讲书还要重要。丁先生最主张实地练习，常常带领学生出去，实习的地点同时间，都要经过详细的考虑同周密的计划然后才决定的。出去的时候，都要利用假期，决不轻易耽误应讲授的功课。假期本是可以休息的日子，他不但不休息，还带领学生作那比平常更苦的旅行工作。凡预定实习的地方，他一定预先自己十分明白，才肯带学生去的。若果预定的地方，他不十分熟悉，他不要事先去一趟，至少也要派一个助教先去一趟，然后才带学生去到那里。旅行的时候，所有吃饭住宿登山休息等，一概与学生完全一致，不稍求优美。不论长期或短期，所有地质旅行应用一切之物件，均必携带齐备，服装必须合适。我们有时候以为一天的短期旅行，可以对付过去，不须大整行装。丁先生则说固然有些地方可以对付，但是不足为法！带领学生，必须一切均照规矩，以身作则。不如此，学生不能有澈底的训练，且有亏我们的职责！这是丁先生教书的方针。

丁先生平常是十分和蔼的，但是正在工作的时候，不论讲书或实习，要是有学生有意的或无意的发生轨外行动足以妨碍工作的进行时，他是毫不客气的要予以纠正或责备的。如果因一时的冲动同他发生口角或冒犯，过去即成过去，他决不会记恨，对你是一样的诚恳坦白的。他对待他的助教同他的学生，都是一样的功赏过罚，宽严相济的。尤能观察每个人的长短，予以合当的利用。"不以人害事，不以事害人"，一切都是用客观评判，坦白的处置。这是丁先生对于他的学生的态度。

这样的教师，丁文江先生，给予学生们的好处不只学问上知识同治学训练。他那活泼的精神，任事的英勇，训练的澈底，待人的诚恳，同其他种种方面，无形之中感化到学生身上的，实在更为重要。青年学生，血气未定，在有形无形之中，模仿性最为显著。所以教育问题，不单是知识的灌输，且须注意于人格的陶冶。因而"教师"的资格，不单是及格的学识，且仍须有足为大众表率的道德，最好还能有充分尽他教师责任的技能与热诚。丁先生确是有这种教师的资格，并且能充分的尽了他作教师的责任！

丁先生的死去，中国青年失掉了一个伟大的师表！教师们失掉了一个最好的模范！

二月九日夜

丁文江先生著作系年目录

张其昀

民国三年（一九一四）

《动物学》　此系商务印书馆出版民国新教科书之一种，供中学校师范学校用。

《调查正太铁路附近地质矿务报告书》　此文与梭尔格（Solger）王锡宾二君合撰，载于《农商公报》一卷一期及二期，是年八月九日。

民国四年（一九一五）

《云南东川铜矿》　英文，原著题为*Tungchwanfu, Yunnan, Copper Mines*，载于《远东时报》（*Far Eastern Review*）是年十一月。

民国五年（一九一六）

《中国之煤矿》 英文，原题为 *The Coal Resources of China*，载于《远东时报》是年一月。

民国八年（一九一九）

《扬子江下流之地质》 英文，原书名为 *Geology of Yangtze Estuary Below Wuhu*，上海濬浦总局出版，汪胡桢君译文，载于《扬子江水道整理委员会月刊》一卷一至三期，兼载《太湖流域水利季刊》一卷二至三期。

《直隶山西间蔚县广灵阳原煤田报告》 此文与张景澄君合撰，载于地质调查所《地质汇报》第一号，附英文节要。

《中国之矿产》 英文，原著题为 *China's Mineral Resources*，载《远东时报》是年二月。

民国九年（一九二○）

《矿政管见附修改矿业条例意见书》 是书与翁文灏先生合著，地质调查所单行本。

民国十年（一九二一）

《第一次中国矿业纪要》（民国元年至九年）　是书与翁先生合著，附英文。

《北京马路石料之研究》　载于《农商公报》七卷十一期，是年六月。

《扬子江下游最近之变迁——三江问题》　此篇演讲由赵国宾君纪录，载于北京大学《地质研究会会刊》第一期，是年十一月。

民国十一年（一九二二）

《云南东部之构造地质》　英文，原著题为 *The Tectonic Geology of Eastern Yunnan*，载于《第十三次国际地质学会报告书》（*Congress Geol. Intern. 13me Session, Belgique, Comptes rendus fase 2*，　P.P. 1150—1160）。

《京兆昌平县西湖村锰矿》　载于《地质汇报》第四号，附英文。

《中国地质学会之目的》　英文，原题为 *The Aims of the Geological Society of China*，载于《中国地质学会会志》（*Bulletin of the Geological Society of China*）创刊号，第一次常会纪事。

《中国北方军队的概略》　署名宗淹，载于《努力周报》第一期、第二期，五月七日及十四日。

《奉直两军的形势》（附奉直战争区域图）　署名宗淹，《努力周报》第一期，五月七日。

《奉直战争真相》　署名宗淹，《努力周报》第三期，五月廿一日。

《广东军队概略》　署名宗淹，《努力周报》第五期，六月四日。

《答关于"我们的政治主张"的讨论》　署名宗淹，《努力周报》第六、第七期，六月十一日及十八日。

《忠告旧国会议员》　署名宗淹，《努力周报》第九期，七月二日。

《裁兵计划的讨论》　署名宗淹，《努力周报》第十四期，八月六日。

《湖南军队概略》　署名宗淹，《努力周报》第十九期，九月十日。

《山海关外旅行见闻录》　署名宗淹，《努力周报》第二十八期，十一月十二日。

《违法的恶剧》　署名淹，《努力周报》第三十期，十一月二十六日。

民国十二年（一九二三）

《最近五十年之矿业》 载于申报馆出版《最近之五十年》。

《重印"天工开物"始末记》 载于《努力周报读书杂记》第五期，一月七日。

《一个外国朋友对于一个留学生的忠告》 署名宗淹，《努力周报》第四十二期，三月四日。

《中国历史人物与地理之关系》 载于《科学杂志》八卷一期，是年一月，兼载《东方杂志》二十卷五期，及《努力周报》同年三月。

《兰因河畔的悲剧》 署名宗淹，《努力周报》第四十七期，四月八日。

《玄学与科学》 《努力周报》第四十八、第四十九期，四月十五日及二十二日。

《玄学与科学——答张君劢》 《努力周报》第五十四、第五十五期，五月廿七日及六月三日。

《玄学与科学的讨论的余兴》 《努力周报》第五十六期，六月十日。

《少数人的责任》 署名宗淹，《努力周报》第六十七期，八月二十六日。

民国十三年（一九二四）

《〈地质学〉序》　《地质学》为谢家荣君所著，商务印书馆
出版。

民国十五年（一九二六）

《民国军事近纪》　商务印书馆出版。

《徐霞客游记》　载于《小说月报》第十七卷号外《中国文学
研究》。

民国十七年（一九二八）

《徐霞客年谱》　是篇与《徐霞客游记》同印，分上下二册，附
地图一册，商务印书馆出版。

《中国官办矿业史略》　地质调查所单行本。

民国十八年（一九二九）

《中国造山运动》　英文，原著题为 *The Orogenic Movements in China*，载于《中国地质学会会志》第八卷。

《广西獞语之研究》　载于《科学杂志》十四卷一期，是年

一月。

《外资矿极史资料》 地质调查所单行本。

《川广铁道路线初勘报告》 此书与曾世英君合著,列入《地质专报》乙种第四号,附英文节要。

《丰宁系之分层》 英文,原著题为*On the Stratigraphy of the Fengninian System*,按丰宁系属中国下石炭纪地层,载于《中国地质学会会志》第十卷。

《葛利普先生传》 英文,载于中国地理学会《葛利普纪念册》(*The Grabau Anniversary Volume, in Commemoration or Dr.A.W. Grabau's 60thbirth day and also his ten years work in China*),原著题为*Biographical Note*。

《中国地质学者之责任》 此篇演讲稿载于北京大学《地质研究会会刊》第五期,是年四月。

《评法国格兰纳著〈中国文化〉》 英文,原著题为*Prof. Granet's "La Civilization Chinoise."Paris 1929,English Translation 1930.*载《中国社会及政治学报》(*The Chinese Social and Political Science Review*),是年七月。

民国二十一年(一九三二)

《丁氏及谢氏石燕宽高率差之统计研究》 英文,原著题为*A Statistical Study of the Difference between the Widthheight,*

Ratio of the Spirifer tingi and that of Spirifer hsicbi，载于《中国地质学会会志》第十一卷。

《川广铁道路线勘查记》　英文，与曾世英君合撰，原著题为*Reconnaissance of a Railway Line from Chungking to Kwangchowwan*，载于《远东时报》是年六月。

《漫游散记》　陆续登载于《独立评论》自第五期起（本年六月十九日）八十一期止（二十三年一月十四日）。重要节目如下：（一）《我第一次内地旅行》，（二）《太行山里的旅行》，（三）《云南个旧锡矿》，（四）《云南的土著人种》，（五）《四川会理的土著人种》，（六）《金沙江》，（七）《东川铜矿》。

《犬养被刺与日本政局的前途》　载于《独立评论》创刊号。是年五月二十二日。

《日本的新内阁》　《独立评论》第二期，五月二十九日。

《日本的财政》　同前。

《所谓北平各大学合理化运动》　《独立》第三期，六月五日。

《所谓剿匪问题》　《独立》第六期，六月二十六日。

《中国政治的出路》　《独立》第十一期，七月三十一日。

《假如我是张学良》　《独立》第十三期，八月十四日。

《抗日剿匪与中央的政局》　《独立》第十九期，九月二十五日。

《误人的地图》　同前。

《自杀》 《独立》第二十三期，十月二十三日。

《废止内战运动》 《独立》第二十五期，十一月六日。

《日本的财政》 《独立》第三十期，十二月十一日。

民国二十二年（一九三三）

《中国分省新图》 与翁文灏曾世英二先生合纂，上海申报馆出版。

《假如我是蒋介石》 载于《独立评论》第三十五期，本年一月十五日。

《抗日的效能与青年的责任》 《独立》第卅七期，二月十二日。

《我所知道的朱庆澜将军》 《独立》第三十九期，二月廿六日。

《给张学良将军一封公开的信》 《独立》第四十一期，三月十二日。

《评论共产主义并忠告中国共产党党员》 《独立》第五十一期，五月二十一日。

民国二十三年（一九三四）

《中华民国新地图》 与翁文灏曾世英二先生合纂，上海申报馆出版。

《中国之二叠纪及其在二叠纪地层分类上之意义》 英文,
与葛利普先生合著,为提出第十六次国际地质学会之论文,
原著题为*The Permian of China and its Bearing of Permian
Classification*,载于《国际地质学会报告书》(*Reports
of XVI International Geological Congress*. Washington
1936)。

《中国之石炭纪及其在密士失必与本薛文尼二系地层分类上
之意义》 英文,与葛利普先生合著,亦为提出第十六次国际
地质学会之论文,原著题为*The Carboniferous of China and
its Bearing on the Classification on the Mississipian and
Pensylvanian*,载于《国际地质学会报告书》。

《徐君光熙行述》 载于《中国地质学会会志》第十三卷。

《苏俄旅行记》 陆续登载于《独立评论》自一〇一期起(本年
五月二十日),一七五期止(二十四年十一月三日)。

《公共信仰与统一》 《大公报·星期论文》,一月十四日。

《我所知道的翁咏霓》 《独立》第九十七期,四月二十二
日。

《我的信仰》 《大公报·星期论文》,五月六日,兼载《独
立》 〇〇期,五月十三日。

《实行统制经济的条件》 《大公报·星期论文》,十二月
十八日,兼载《独立》一〇八期,七月八日。

《民主政治与独裁政治》 《大公报·星期论文》，十二月十八日，兼载《独立》一三三期，十二月三十日。

民国二十四年（一九三五）

《陕西省水旱灾之纪录与中国西北部干旱化之假说》 英文，原著题为*Notes on the Records of Droughts and Floods in Shensi and the Supposed Deciccation in N. W. China*，载于《斯文赫定七十岁纪念册》。

On the Influence of the Observational Error in Measuring Statune, Span, and Sittingheight upon the Resulting Indices，英文，载于《庆贺蔡元培先生六十五岁论文集》下册。

《爨文丛刊自序》 载于《地理学报》第二卷第四期（丛刊原书不久由商务印书馆发行）。

《中央研究院之使命》 载于《东方杂志》第三十二卷第二期，一月十六日。

《中国中央研究院之科学工作》 英文，原著题为*Scientific Research in China: The Academia Sinica*，载于英国《自然周刊》（*Nature*），八月十日。

《我国的科学研究事业》 本年十一月二十六日对全国中等学校学生演讲，载于《申报》本年十二月十八十九两日《教育播音专刊》。

《再论民主与独裁》 《独立》一三七期,二月三日。

《现在中国的中年与青年》 《大公报·星期论文》,三月二十四日,兼载《独立》一四四期,四月一日。

《科学化的建设》 《独立》一五一期,五月十九日。

《苏俄革命外交史的一页及其教训》 《大公报·星期论文》,七月二十一日,兼载《独立》一六三期,八月十一日。

《实行耕者有其地的办法》 《大公报·星期论文》,十月十三日。

编辑后记

适　之

丁文江先生是《独立评论》的创办人之一。最初我们一班朋友在"九一八"事变之后，时时聚餐，谈论国家问题，后来有人发起办一个刊物。在君和我都有过创办《努力周报》的经验，知道这件事不是容易的，所以都不很热心。后来因为一些朋友的热心主张，我们也赞成了。在君提议，先由各人捐出每月固定收入的百分之五，先积三个月的捐款，然后开办。恰巧我因割盲肠炎在医院住了四十四天，《独立》的开办因此展缓了两个月，我们差不多积了五个月的捐款，才出版第一期。最初一年半，《独立》的经费全靠我们十来个人的月捐维持，这都是在君的计画。（《努力周报》是他发起的，也是他倡议每月抽百分之五的捐款。）《独立》出版之后，在君撰文最勤，原来的社员之中，我因编辑最久，故作文最多，其次就是在君的文字最多了。他的《漫游散记》和《苏俄旅行记》两个长篇都是《独立》里最有永久价值的文字。就是在他最忙的时候，我的一封告急信去，他总会腾出工夫写文字寄来。他每每自夸是我的最出力的投稿者！万不料现在竟轮到我来编辑他的纪念专号！

这一期的编辑体例是这样的：纪念的文字，依照内容的性质，分为五类。第一类是通论在君生平的。第二类是专论他在科学上的贡献的。第三类是注重他在中央研究院的工作的。第四类是有关传记的材料：两篇记他最后在湖南的情形，两篇是他的老兄和七弟的叙述，一篇是他的一个学生的记叙。第五类是他的著作目录。

各位朋友纪念在君的文字，都是出于哀悼的至诚，不用编辑人一一道谢。其中如吴定良先生在客中特别赶成纪念文；如高振西先生（北大地质系助教）既替我们翻译葛利普先生的文章，又因我的嘱托，在短时期中赶成一篇纪念文；如张其昀先生在短时期中编成在君的著作系年目录：这都是我应该特别致谢的。

在君的著作目录，此时仓卒编成，恐怕遗漏的还不少。我自己知道的，如他在《努力周报》上用笔名宗淹发表的文字，如他的《中国军事近纪》等，都已托章希吕先生（也是在君在南洋中学教书时的学生）补入张其昀先生的原稿了。他的《大公报·星期论文》，恐怕不曾全收。他有一年曾替天津《庸报》每周写几篇社论，现在都无法收入，将来当请董显光先生设法编目补入。

在君的一些朋友在南京发起募集"丁在君先生纪念基金",办法大意是拟将此基金捐给中国地质学会,由地质学会理事推举委员五人组织保管委员会保管。此项基金应长久保存,所得利息,拟以一部分作为补助丁夫人之用费,其余全数作为纪念奖金,对于地质工作有特别贡献者,每年发给一次。现已由地质学会理事会推出翁文灏先生等五人为保管委员。各地朋友愿意捐助之款,请直接寄给南京珠江路地质调查所翁咏霓先生收。

（本书第三页至一一四页各文原载《独立评论》第一八八期,民国二十五年二月十七日）

二、独立评论第一八九——二一一期部分

（民国二十五年二月二十三日——七月二十六日）

丁文江一个人物的几片光影

傅孟真

昨天夜间一气写成一篇《我所认识的丁文江先生》，写时感情动荡，直写到上午三时才勉强结束，以致要说没有说完三分之一。今晚再把我所记得的和我所推想的在君一个人物中的几面，无次序的写下。

（一）在君的逻辑

在君的逻辑，无论在从事学问，或从事事务时，都有一个原则常在明显着，即"权衡轻重"是。有一晚，我们闲谈到我们所读通论科学方法的书，我便把我所好的举了些，并我的意见。在君很高兴，说："这里边至少有三分之二是我们共同读过的。"当时我说我所最常读的是Henri Poincaré, Ernst Mach, Karl Pearson, Bertrand Russell, 此外如Max Planck, A. Eddington, J.H.Jeans, 每出通论之书必买来一读，故既非甚爱美国之Pragmatism，尤绝不敢谈德国哲学（自然如Avenarius, Vaihinger等除外）。而统计的观点，尤可节约我的文人习气，少排荡于两极端。在君听到大乐，他说："赖有此耳！不然，你这个Bundle of Contradictions更不得了（按这个名词是多年前我的好朋友俞大维送我的。在君与他不谋而合的惯以此词诮我，我也有点承认，也还要自辩着说：矛盾可以相成，此是辩证法，也正是中国古所谓'成均'[Harmony]也。）说完一笑。我（在君）当年所看也正是这一类的英国书，这一类的大陆上思想家，虽然我对于Mach读得不多，而Poincaré也是我熟读的。这一派的科学思想，真是科学思想，不是学究作论。至于统计的观点，助人权衡轻重之效力最大。于读英文书之外加以能读德、法文书，心智上受益实大。"我在外国语言的基础上，对在君十不当一，所幸走的道路大致不错耳。

在浅人，统计的观点使人思想中庸，见识平凡，仿佛统计观点专是论平均数的。这是极错误的。诚然，有些人在一般思想上受肤浅的统计学之害。但是我们要知道，统计只是要把各样平均数之且然的（Probability）意义分解出来，决不是依赖平均数为大义。拿些现在中国通行的统计学书读，或者不免觉得统计是以平均数为基础，这样子连笔算数学上的百分法的意义还不曾透澈明白呢！其实统计不是靠平均数，而平均数转是基于一科算学——且然论。且然观念，在近代物理学尤表显威力，几将决定论（若干哲学家误名之曰因果律）取而代之。这个观念，在一般思想上有极重要的施用，众体事实赖此观点寻求其逻辑根据，个体事实对于他的众体赖此观点决定其价值。所以这个观点不错的施用着，是助人分解事实的，不是助人囫囵吞的；是助人权衡轻重的，不是助人放任着多数专制的。在君论学论事论人之权衡轻重，固与此义相合，他的透辟分解，论人论事都分别方面去看，或者不免无形的受这类思想的感化。

我也受过两三年实验室中的训练。因为这个训练已在我的少年之后，终不能直接生效。现在想起我当年的一阵"科学迷"，不过等于一番脑筋锻炼，思想洗涤，然而这个作用已是很有益的。在君幸而早岁致力于自然科学，不特学术的贡献我将来不敢比拟，即思想之坚实一贯也是使我羡慕不已自惭不如的。在君所在的英国本是达尔文论治世，他所习又是进化论的科学——生物与地质。达尔文论盛极一时之时，Chesterton名之曰"一个含糊的战胜"（A Vague Triumph）。此人虽是不负责任者，此名词却是不错。在君受此一线思想之菁华，而毫无此一派通论者之"含糊"，他真是中国的赫胥黎。他以近代论为思想之基础而多面的发展，看来像是一个科学的基侯特爵士（Don Quixote）实在是逼似高尔敦（Sir Francis Galton）。他由进化论出发，弄出些个杂趣杂学杂见识，又很近于威尔士。他也能写那一部伟大理想的通史，只是他不能写小说罢了。

（二）在君的几片风趣

在君的一般行事和他通常的谈话法，很使和他不熟的人觉得他是一个无多风趣的人，英国话所谓matter-of-fact的人，dry-as-sawdust的人。和他很相熟，高谈闲玩的人，要知道事实并不如此。他谈论时如火把一般，在亲熟的环境中，玩得高兴了如顽童一样，流露很多的趣语，不少的出了趣事。他仿佛像是一个"抹杀一切艺术论"的人，其实他对于艺术也有和他的哲学一贯的理论，即是，要有意义要进步。那些因帝王赐顾而成的奢侈生活中的艳品，如故宫博物院中所藏多数艺术品，他决不觉得可好，不过，这些物件既然代表物质文化的进步，自有历史的价值，自当保存着。他论画不大重视山水画，我说："这里边有诗意。"他说："画鬼也有诗意。"记得一天，我同他由西城到东城，各坐人力车上。车过金鳌玉蝀桥，北望北海，正是中夏荷花盛开，绿岛照在碧海上，又是太阳要落下的时候，真美丽的很。我在车上叫："丁大哥，你向北看，好看不？"他转头一看说："是好看。"我就大笑了："丁大哥，你也知道好看，你的字典中也有好看一个名词！"过后把这一段话告朋友，朋友颇觉得酷能形容在君的一面。其实，奢侈的好看固是在君所痛恶，静止的好看也每是在君所不见，而有意义的能表示动作之艺术，无论是文字的或有形的，在君也欣悦的。

偶与在君谈中国诗，他极不欢喜选学派的诗，这是必然的。他欢喜杜诗，这也是想像得到的。他很欢喜苏诗，能成诵的很不少。我听到他爱苏诗的话，恰中我的意思，我说："苏诗真是气象万千，没有人像他这样多方面。"他说："唯其如此，专就一格论诗是不当的。"他对于文词既不喜那些小品风趣，也不爱排架子的古文。他很不佩服韩退之，说韩文"蛮不讲理"；他很崇拜柳子厚。

他在英国学会了Recitation，一次在北大聚乐会中手舞足蹈的把杜诗《兵车行》照样一办，大家大乐。

在君吩咐一个英国出版者，凡威尔斯（H. G. Wells）、罗素（Bertrand Russell）、金斯（J. M. Keynes）的书，一出来，即寄来。他爱这三人全不是偶然的。我问他觉得Bernard Shaw怎样，他说："他是一个极不负责任的态度，活脱的爱尔兰人。"我又问他John Galsworthy，他说："专门描写英国中等阶级之最上层，没有大意思。"当罗素（Bertrand Russell）来中国时，他做了总招待。大家只知此君可佩，人云亦云，然而知道此君是怎么一个来头的有谁呢？众人正在欢迎这位"民众圣人"时，他对罗素说："罗素先生，你乃真正的是英国贵族产生的清品。"我想罗素自己恐怕要是最同情这个批评的。罗素后来对英国人说，"丁文江是我所见中国人中最有才最有能力的人"（陈通伯告我）。

（三）在君与政治

在君的一生，最为一般有革命性或冒充有革命性所最不了解或责备的事，就是他之就任淞沪总办。在君常把这件事的动机及下台情景告我，告我时总有些自解的样子（Apologetically），大约因为他听到适之先生说我要"杀"他罢！他认为改良中国的政治（他的政治大体上是行政）决不能等到所谓时机成熟，有机会不可失机会。他之参加孙传芳团体是个三人团，陈陶遗、陈仪，和他。他们三人想借机试验一回。然而一到里边去，知道事实不如此简单，孙要做的事，大者并不与他们商量。孙在军人中，很有才，很爱名誉，很想把事情办好，只是有一个根本的缺陷，就是近代知识太缺乏了。注意，这句话是在君惯用来批评一切中国历年来当政的军人的，在他以为这些人中很多有才的人，有天生的才，只因为他们的知识不够，故不能成大事。迨孙传芳与党军可和可战的时候到了，孙不与他们商量，先决定了态度。迨武穴紧张的时候，在君（与陈陶遗君？）觉得非与孙澈底一谈不可了，跑去陈说一番。孙正在鸦片铺上，说："我本来也这样想过，不过请你们看这一个电报。"这个电报是孙的在武穴的前敌指挥打来的，电报的大意说：现在听说联帅（当时孙自号五省联军总司令）有与赤军（当时北方军阀称党军曰赤军）妥协的谣言，消息传来，军心不振。赤军皆南人，我辈皆北人，北人受制于南人，必无好日子过，且必为南人所弄。必不得已，只有北人大联合云云。孙传芳把这电报给他们看完便说道，我不能不向张家妥协，不然，我站不住。丁说，与二张妥协，政治上站不住。孙说，那就管不得许多了。这也许就是在君所指为缺少近代常识的表现罢。当时在君告我很详细，日子全有，可惜我不曾详细记下，因为当时没有准备着享受这个苦痛的权利，即写追忆他的文。至于这位主张不与"南方人"合作的前敌指挥，却最先"归正"，在党军旗帜下历历作中外大官，直到现在！

评论在君的这一番出处，我们要细想两件事。第一，在君参加孙传芳政治集团时是如何一番空气。孙氏固与其他"战豪"同为北洋军阀遗孽，然孙氏神速的驱逐张宗昌部队出上海，驱逐杨宇霆出南京，在淮浦斩戮白俄的一着，顿引起一时清望。无间南北，不满北京政府者，皆以为"国贼曹操，非孙权也。"等他驻在南京，颇做了些沽名钓誉的事，当时一般清议，颇觉中国目前之急切办法，应该是以广州政府为本体，联合上北方（当时已赶到西北去了）之冯，长江之孙，以便先把二张解决，再把吴佩孚解决。记得那时候我在柏林，南口之战开始时，好些朋友（都是"南倾"的，至少说。）有一天聚在一块谈这事，大家都觉得开始应该如此做。有一位更说（这位不久回国，在北伐时大效气力）："这时候孙传芳若不出兵打二张，真正可惜，且是自误。若使二张稳固，中国事不可为矣。"这种论调颇代表当时甚多量之清议。孙做他的"联帅"时，也很试着和广州拉拢，这中间的文章多着呢，我在广州便听到许多。那时候国民党公葬孙先生于南京之工程开始，他还很敷衍着。直到夏超事件与赣西之战，他才不作壁上观。我说这些，并不是为孙传芳辩护，孙亦一无知军阀，然比之二张则差强。强不强，也不关我事。我只是说，在君是在孙氏清誉未扫地前加入他的政治集团的，不是在他向张作霖摇尾乞怜，渡江战龙潭时加入的。既已加入，意气上亦无一朝竟去之理。然而碰破鼻子救了他，孙北向后倒行逆施时，在君早已退开了。

第二点要细想的是，在君是注重行政的，不是玩钩心斗角的政治把戏的，所以在君自己以"治世之能臣"自喻，大家朋友也都知道：虽然他有处置政务的天才，他并不是"拨乱反正"之才。在必须拨乱不可的时候，固需要拨乱的人才，然而真能反正并且要把所反的正安定下去，是非有安分守己的"能臣"不可，非有才大志疏的贤士不可。用两个英国名词形容，在君是一个Bureaucrat，并且是一个顶好的。而绝不是一个Politician，他若做Politician的生涯必焦头烂额而后已。在君在淞沪任中，行政上的成绩是天下共见的：为沪市行政创设极好的规模，向外国人争回不少的权利。在君以前办上海官厅的固谈不到，以后也还没有一个市长能赶得上他一部分。即以此等成绩论，假使当时在君的上司是比孙传芳更不好的，在君仍足以自解，因为在君是借机会为国家办事的，本不是和孙传芳结党的。批评他的人，要先评评他所办的事。

次年党军再度北伐，日本人造成济南惨案；张作霖很知趣，有知难而退之势，而张宗昌大有寄生于日本炮火下之势。这时候，在君用北庭外交部的密电码打给孙传芳一个电报，劝他在内争中要以国家的立场为重，不要再跟着张宗昌胡干。此电为奉系查出，几乎给罗文幹惹大祸。在君也就从北京溜之大吉了。

所以在君的这一段文章正是在君的写照，很显出在君的性情，很显出在君的本领，很显出在君之有时"不识时代"，不知取巧，在君用不着自解（Apology），我更用不着替他解说。

在君自苏俄回来后，对于为人的事非常倦厌，颇有把教书也扔去，弄个三百元一月的津贴，闭户著上四五年书的意思。他这一阵精神反常，待我过些时再写一文说明。他这反常并未支持很久，便被蔡先生和大家把他拉到中央研究院去了。他到中央研究院服务只一年半，便遭不幸而去世了。他在中央研究院做总干事，久而愈显得他实在爱这个工作，所以虽有人拉他做官，比较上是不容易拉去的。

不过在君性情是好事的，他觉得为国家真正服务，就是把事情办好，是一件至上的德行。真正在国家对外打起仗来的时候，他一定为国家效力的，即令不到如此的场所，只要他觉得找他的人有诚意把要托他的一桩事办好，他自己又认为成功不是没有希望，或者他终不免为"知己之感"所驱，再做一回官？这是比较上且然性不大的，但是并非不可能的。果然如此，在君仍要到后来爽然自失，他要真的做成荀文若了，决不会做成刘歆。"论时则民方涂炭，计能则莫出魏武。"或曰可怜，我曰可佩。不过有一点我可断言，在君在同情的天性上是站在大众方面的，为大众而非由大众，所以决不至于佩服莫梭里尼、希特勒，也正同他决不成民众领袖一样。因为他不主张由大众，无端为人呼为独裁论者，因为他是真的为大众，所以使他真的同情苏联。他既是真的同情苏联，他决不会佩服大战后的反动恶魔了。

附注：尚有《丁文江与中央研究院》、《丁文江与苏联之试验》、《我在长沙所见》三文，分期在《独立评论》上发表。　　　　　　　　　　　　　　　　　　作者。

编者按：傅孟真先生所宣布这三个题目，事实上都没有写成。胡适之先生在《丁文江的传记》的"引言"中说："可惜傅斯年先生已宣布的三个题目——《丁文江与中央研究院》、《丁文江与苏联之试验》、《我在长沙所见》——都没有写出来。于今傅先生也成了古人了！"

（原载《独立评论》一八九号，民国二十五年二月二十三日）

丁在君先生治疗经过报告

杨济时

丁在君先生于二十四年十二月初抵长沙，后即往湘南旅行。随从工役一名。七日参观湘潭衡州间某煤矿，据丁先生事后自述，此矿系用旧法开采，入地颇深，入矿隧道有四十五斜度之阶梯。丁先生曾深入地下六百余尺之矿底，因地湿且空气不佳，未久留。复行出矿，及至地面，即觉呼吸急促，衣服尽为汗湿。

八日至衡阳，住粤汉路株韶段路局宾馆。沐浴后晚餐。九时至寝室就寝。室甚小，装有壁炉，生煤火。丁先生入室后，即将窗门严闭，服珂达令安眠药一片（丁先生苏醒后自述途次失眠，三日间每晚服一片），即熄灯就寝。

九日晨原定偕凌局长鸿勋赴耒阳。七时余，局中办事员及其他客人早餐，未见丁先生出户，即着从人察看（寝室未锁），经该从人十分钟之呼唤不醒，因疑有异，即请路局陈医师前来诊视。此为九日晨八时左右事。其时门窗已启，室中已无煤气，丁先生已不省人事，呼吸急迫，神志昏迷，面色紫红，脉搏已不易扪着。陈医师即为注射强心及呼吸刺激剂，并施行人工呼吸，历五小时后仍无进步。午后二时即送往衡阳之仁济医院，乃再行注射强心剂等药，仍未见苏醒。济时于是日晚九时抵该院诊视。丁先生颜色紫红，呼吸深而促，瞳孔反应甚微，口唇流血，并已置口腔扩张器，下门牙已去二，口腔破裂处颇多，脉搏一百三十余，血压一四〇——八五，肺底有少许水泡音，腹部肿胀，四肢痉挛，尤以右侧为甚，右踝呈阵挛反应。因疑煤气中毒外尚有其他变化，故用尿管放出约一千公撮之小便，试验结果无糖质，有少许蛋白质，及甚多之柱体，并有甚多之酸质。根据以上检查之结果，即行静脉注射葡萄糖液及胰岛素，去除口腔扩张器，洗通大肠，于当晚十一时即见呼吸稍舒缓，惟仍未出昏迷状态。

十日晨眼球及瞳孔反应见灵敏，痉挛亦见进步，复再行注射葡萄糖液及胰岛素，再于肛门注射大量之水分。十日午后两目已自能转动，肺部仍呈水泡音，右底尤多，且时咳嗽。

十一日晨即能饮牛乳及水分，目已开张，呼之亦稍能应声，及作简单之动作，午后可作简单之应对。翁文灏、朱经农、丁文治、戚寿南诸先生于是日晚九时抵衡，丁先生已能一一认识。

济时于十二日离衡，暂由戚寿南（中央医院）、陈宜诚（粤汉路局）、包乐第（衡阳仁济医院美籍医师）诊视。

济时复于十四日赴衡。此次诊察，发现前胸左乳头外一寸余处肿起，约有一元银币大，扪之剧痛。水泡音仍存在。其余状况良好。即于是晚决定于十五日晨护送至长沙休养。

十五日十时半离衡，午后五时半抵湘雅医院。途中经过良好，无发热，惟时咳嗽。

十六日下午拍照肺部X光，发现左右两肺底有少许发炎变化，且左胸似容有少量之水液。丁先生病势日见起色，左肺无其他变化，惟肿起处仍作剧痛。

此后自十五至二十二经过甚为满意，能谈笑饮食。二十日曾要求嗣后每日下床行走，未允其请。

二十三日晨十一时傅斯年先生丁文治先生均伴丁先生在侧，复要求暂为离床少坐椅上，此时因丁先生意颇坚决，难以阻止，由五六人维护下地，动作甚痛苦。半小时后，傅先生即观察丁先生神色剧变，十一时三刻复扶入床。以前脉搏约在八九十之间，呼吸正。十二时脉搏已增至一百十数，呼吸二十数，体温三十九，神志仍清，惟甚疲困，谈话甚少。检查得左胸打诊甚浊，且有远离之气管音，即疑左胸有液体。午后行诊断刺穿，果发现淡红色脓液。是晚即延请湘雅外科主任顾仁医师诊视，复抽出约五百五十公撮之稀脓液。是晚体温呼吸即好转。

二十四日复行穿刺，惟得极少量之同样液体。脓胸之诊断既明，商诸傅斯年先生请协和外科医师来湘诊视。此后曾抽刺数次，无多量之液取出。左肺底似有肺炎。体温在三九、四十间。右臂痉挛更甚。不能言语。大小便失禁。不能入眠，出汗较多，故每晚需用大量之安眠剂。

二十七日以后，时醒时睡，神志不甚清晰。左前胸肿痛处疑有作脓变化，故会商顾医师注意。

二十八日晨顾医师于五肋骨处开割，果发现第五肋骨已折，并取出一百五十公撮之浓脓。培养及染色检查结果，发现脓中有肺炎双球菌。开割口约二寸，置放出脓管。

二十九、三十两日体温复常。时协和医院外科主任娄克斯抵长，会诊之决定，再用X光照胸部。因该处心影所蔽，照片不能详明，以探针试胸部脓管，为后向上升，深有尺余。一月一日脊髓刺穿，脊水正常。

娄克斯医师于一月二日留以下之记载：

据两日以来之观察，大致情形为作脓发炎，加之一氧化炭并发毒之结果，肺部不免有发炎变化。惟因心影所蔽，不易诊察，除已发现之作脓处外，其他处恐尚有较小之同样病态。惟此类脓胞或不大，不能察觉也。综观病前衡阳旅行之种种疲劳，煤气中毒等等不幸之经过，个人意见以为脑中枢血管损坏足以解释。目下之情形，尤以步行上南岳山，入矿底，离床坐起，过度费力之动作为最严重。于衡阳中毒后二日之昏迷，右臂之痉挛，第二次（指离床）过度动作后发生失语，大小便无节制，强度之痉挛，脑部血管出血，或脑部脉管血栓形成，足以解释现在之诊状。肋骨截伤非主要症。目下胸腔作脓，可增剧脑部血管固有之损坏（瘀斑出血肿胀等）。此类病理变*化，以煤气为主因。脊水正常与无视神经乳头水肿，不足证明脑部之作脓变化慎密之对症治疗。如以后再发觉作脓处，仍须外科开割放脓，为目前惟一之适当疗法。娄克斯。

自三十一日起，每日体温脉搏由正常度上增，服用毛地黄并不见效。血液乏色曼反应阴性，且无疟疾及回归热原虫。

三日晨，颈后弯，并作硬，右肢痉挛如前，心音微弱，血压一五五——一〇五，小便检查无异状，白血球二〇〇〇〇至三〇〇〇〇。精神更见萎衰。

四日晨，呼吸更形急迫（三十八）。下午喉间作痰音，体温增至四十五，脉一百六十。即注射强心剂呼吸氧气等治疗，渐见进步，体温下落至三十九度。午后九时间能入眠。

五日清晨，脉搏一百四十，体温三九度，呼吸五十。颜色青紫。脉渐增至一百七十，已不易扪着。至十一时情形更恶，各种刺激注射剂均无效。于一月五日午后五时三十分逝世。

诊断：

一、一氧化炭中毒。

二、左胸第五肋骨骨折。

三、枝气管发炎。

四、左胸积脓（肺炎双球菌）。

五、心脏衰退。

六、脑中枢瘀斑出血。

长沙湘雅医院内科主任杨济时。

（原载《独立评论》一八九号，民国二十五年二月二十三日）

丁文江先生考察湖南湘潭谭家山潭昭煤矿公司情形

钟伯谦

丁在君先生于去腊以要务来湘，经曹代主席籽谷、余厅长剑秋之邀请，至湘潭潭昭煤矿公司考察一切，并由建厅派地质调查所王君晓菁陪同前往。先生先往南岳，后折至湘潭茶园铺，由王君陪往谭家山各矿区巡视一周，考察地质及地形。至公司办公室约在午后一时。餐前，伯谦得与先生谈矿事颇详。据谓，本矿煤量之钜，地质之佳，皆不待言，亦诚如地质调查所报告。惟运输距河二十八里，非修轻便铁道不可。又谓，铁道筑成后，运费一吨一角足矣。继谓，本矿煤层为一向斜层，但其底是否为一船底形，抑为交叉形，则有待乎钻探。后又问及工人及其他各种情形。午餐后，乃同往窿内视察。先生虽年近五十，而下窿尚能健步。至采矿处，乃命王君量煤层之厚度及其倾斜度。伯谦因询先生对于此矿意见。先生答：此为大煤田无疑。惟倾斜度不小，能否获利，则恃采矿法之选择，及经理之得法耳。先生因即日须至衡阳，故在窿内视察不久即出。方先生出窿时，伯谦因欲巡视其他采煤场，未陪同出。而先生起程时，诚恳致意，谦虚若此，不可多得。先生极朴素，来山时御黄色窿衣，穿厚钉鞋，饭不择肴。并言湘省地质未曾考察，前曾来湘，系省其师龙研仙先生。可见先生师生之情深。伯谦于潭昭各矿区考察数次，因求评断之正确，曾私询王君晓菁：丁先生所考察者是否与余等相吻合。王君谓并无歧异之点。伯谦私衷窃慰。现此矿以建厅与曹、胡二先生之维持，命伯谦主持工程，时虞倾败。方冀先生视察之后，得以登高一呼，事乃有济，不意竟在湘逝世！吾国地质界与采冶界顿失巨子，惜哉惜哉！

二五、二、七。

教育厅长朱经农先生知伯谦同往考察此矿，嘱为录出，故濡笔记之。　　　　　　　　　　　　　　　　伯谦附志。

（原载《独立评论》一八九号，民国二十五年二月二十三日）

记丁在君先生讲演留声片

赵元任

二十四年五月七日晚上，在君先生在中央广播电台讲演，我因为常常在实验室里用铝片收灌广播讲演，作为语言的参考材料，这一次也把这讲演收灌下来了。第二天一早请在君先生来听，他还觉得是像他自己的声音。当时没有料到这灌下来的音的可贵，所以也没有费那事去用两个记音盘一个未完一个先开，藉此可以得一个全整的记录。结果是因为翻面和换片的缘故，中间都漏了几句话。正文中方括弧【】号里的字就是原来广播时有而现在这片子里没有的几句。最后一面上只说不多几句话就完了。后来也是因为当时没有想到这片子会这样宝贵化，竟把余下的空白胡乱作了零碎的试验用了。

在君先生死后，我们谈到各种纪念他的方式，因而想到无意中留下来的声音，如果能复制，岂不是好给大家朋友做一个绝好的纪念物？但是最后一面已经糟蹋了。于是又想法把这面外圈的讲演都分转灌在一张新片子上，余下来的新空白就请了翁咏霓先生说了几句关于在君先生的生平的话，把这四面两片的材料送到上海百代公司复制出来，就成了现在的这两张片子。

丁在君讲演片预约通告

现在百代公司来信说，这两张片子约在四月十日可以制成。估计的价钱是每套国币六元三角；京沪以外的各地加寄费七角。

在君先生的朋友们如愿得这一套"在君遗音片"，可以在四月十日以前通知上海白利南路中央研究院丁西林先生，或南京北极阁中央研究院历史语言研究所赵元任先生。

（原载《独立评论》一九二号，民国二十五年三月十五日）

丁在君先生在湘工作情形的追述

刘基磐

　　丁在君先生在长沙逝世，到现在已有两个月了。本刊曾于二月十六日发行纪念在君先生的专号（第一八八号），其中有纪念他的文字十余篇，对于他一生为人，和所做的事业，并他得病的情形，都已写得很详细，似乎用不着我再说。但是在君先生这次来湖南的动机，以及到湘潭谭家山看矿的经过，我觉得纪念专号中尚有未提及的地方，所以现在加写这一段，聊作补充。

　　在君先生是去年十二月二日深夜到长沙的。下车后，即由朱经农先生同我陪往省府招待所暂住。他起初坚不肯去，说不应该受地方的招待，后经再三相劝，始允前去。到了招待所后，已是十二点钟，本应即时就寝，但是他因为急于要把自己所担任的事赶紧去办，所以留我们多坐一下，等到他的行李由火车站取来，把箱子打开找出一本《湖南主要煤矿一览》的草稿交给我。他说："这本草稿是请别人代我摘录下来的。因为离京的时候很仓卒，所以写的很潦草；现在打算请你派一个书记赶急的重抄一份，预备日内出发看矿就要用的。"我接了这本草稿然后辞出。四日晨九时，他来上黎家坡地质调查所。这时候，我同田季瑜、王晓青诸同事均已先到。他首先把这次来湖南的目的和日程分配，同我们商量一番；同时对于谭家山煤矿地质情形询问颇详。他说："谭家山煤矿是很有希望的，储量是丰富的；我们这次要注意的是确测煤系地层的构造，煤层的倾斜；因为根据以往的记载，此矿煤系地层成一向斜层，煤层的倾斜很大，施工困难；我们这次应该详细观察煤层的倾斜角度是否愈下愈小。如果愈小，这个向斜是有底的。不然，就会像无底的一般，而矿的价值随之减损。"我问他："谭家山的煤田固然是沿粤汉铁路唯一的重要煤矿，然而此种调查工作尽可要他人来做。我在南京的时候，也有许多朋友劝我不必亲自来湖南；不过我觉得此种任务关系很大，所以我要亲来，方能使将来一切计划易于实行，我说的话及我作的主张方可发生较大的力量。"他的治事负责，不畏劳苦的精神，于此可见。谈话中，对于湖南的矿产表示无限的希望。谈毕，我们遂引他参观本所的陈列馆，图书室，工作室等等，颇承他的称许。并约定本所的王技正晓青于一两日后陪他同往谭家山看矿。到了十一点半钟，因为别有约会，他遂告辞了。是日晚间，我忽接得在君先生由招待所发来一封信。信上说，他五日早晨就要到南岳去，准定六日下午或七日清早由南岳回到茶园铺车站；要我转告王晓青君，于六日下午五时以前到达茶园铺集合，预备七日早一同去谭家山看矿等语。我当依照办理。六日下午王晓青君由长沙出发，该矿钟工程师伯谦同行。后来王君回来，据他所告：他们当日五点钟到茶园铺，在君先生则系五日去南岳，七日晨九点钟方才由南岳乘铁路局汽车到茶园铺。此地距离矿山大约十五里；有人主张雇轿前往，但是在君先生坚不肯从，决定步行。未及休息，即刻向谭家山行进。沿路所见的岩层，他必过细量测其倾角及走向。见乡间水田甚多，则谓湖南防旱工作堪称模范。到谭家山后，见山顶岩层近于直立，谓如此陡削的向斜层煤系，不知深至何处始相会合。先是沿途所见岩层，倾角亦大，在君先生对于本煤田的构造就怀疑虑。到谭家山后，他并不稍休息，即沿谭家山东侧田园，经萍塘曾家山冲，到东茅塘一带查询土窑情形。到东茅塘后，西折至牛形山昭潭公司，已是下午二时了。午餐后，下洞考察。矿洞倾角四十五度，斜深一百七十公尺；洞内温度甚高，着单衣而入，亦汗流浃背。然年事已高的在君先生竟不畏艰苦，直至洞底，亲测煤系倾角及厚度，始行出洞。事前王君劝请勿入，由他代为下洞勘测，亦不允许。在君先生出洞时，衣服已尽湿。由洞口到公事房，相距约百余公尺；洞外气候是极冷的。在君先生经过这百余公尺之旷野到公事房，坚不肯入浴；因为已是下午五时，还要赶回南岳歇宿的原故。如是将汗湿的衣服烤干，加上外衣，径回茶园铺车站。铁路局汽车早已在站等候，他便于六时回南岳歇宿。翌日，他由南岳乘车直驶衡州，竟于当晚中了煤毒！以后的情形，上次专刊载得详细，故不再说。

在君先生考测谭家山煤田的结果，认为煤系倾角过大；他说，若想知道煤系陡插入地若干深度之后始行变平，须再从向斜层轴线上加以钻探。

在君先生这次来湘勘矿，一切工作，无不躬亲；时间上则力求迅速，可见他生平实事求是的精神，实非他人所能及。这也就是他在科学上及事业上成功的因素，很可为人楷模的。

当我们知道他遭此意外赶往衡阳后，已见他由气息微末转入良好状态中，同去的人为之大慰。后来迁至长沙湘雅医院，先几日还有进步，不意经过一星期后，病势忽转恶化，竟至不起！他致病的起因或系由于在谭家山出煤矿矿洞时，感冒风寒；及至衡阳宿于客舍，因恶寒而紧闭窗户；壁炉烟囱，又被大风所倒冒，煤气不能外出，以致中毒！

在君先生学识渊博，他在科学上的功绩，深为国际所共仰；其律己待人治事之精勤，更早为友朋所共知，用不着缕述。此次因公来湘，不幸竟为最后之一次，国人痛悼，自是极深；至在国家的损失，更无可补偿了！

二五、三、一，于长沙湖南地质研究所

（原载《独立评论》一九三号，民国二十五年三月二十二日）

谁送给丁文江先生五千元?

胡振兴

《独立评论》第一八八号纪念丁文江先生的专刊，载有翁丁两先生叙写杨树诚君致送丁先生五千元一段纪录；我不认识丁文江先生，但是我约略知些关于赠送这五千元一点过去的事实。我以为金钱事细，仅仅致送钱财倒也不见得有什么可以赞扬，不过因为这五千元的关系，却显示出几个人极可敬佩的高尚风谊，所以似乎值得把它发表。

关于杨树诚君致送丁先生五千元一段事实，我是在丁先生捐馆后，阅《独立评论》纪念专刊以前，便已知道。据说丁先生自政治生活失意后，避居大连，有人对杨树诚君述及丁先生彼时经济困难的状况，于是杨树诚君慨示愿意接济五千元，维持丁先生暂时的生活费用。可是丁先生廉洁而不苟受的风度，大约凡是挨近过他的人当然熟知的，预料送他的钱央他收纳，的确有些不甚容易；要办到"予非示惠"、"受不伤廉"的恰当程度，还得几费踌躇。杨树诚君本来不识字，他平生只能够很费力的写一个粗劣的杨字，所以先由刘季辰君致函给丁先生，说明杨君诚意，并且苦劝他权行借用，等待将来经济宽裕的机会，仍不妨如数偿还，同时复由刘君代杨拟成一函，措辞委婉曲折，预防遭遇丁先生的拒绝。

据闻这五千元的总额中有二千元是从前丁先生地质研究所的学生赵鉴衡君凑送的。这个原因，并不是杨树诚君不肯独任五千元的数目，因为赵君既和丁先生有师生关系，而平时又畏惮丁先生高洁，不敢马马虎虎随便馈致金钱，他获得这个机会，不让杨君独擅其美，所以坚决地要求由他搭赠二千元，名义上仍推杨君单独赠贻。据传述的告诉我这件事，不但丁先生生前不曾知道，便是至今知道的人还是很少。

至于杨树诚君的为人，眼前固不敢称他是一位怎样了不起的人物，但是据我们所知道的，确实也有些怪特之处。他自己在大庭广众之前，自陈从前讨过饭的，因为幼小的时候，父母亡故，困苦而至落魄，幸由美国教士留养，带到美国，习成工艺，所以他对于矿业打钻及机器技艺的确经验丰富，在某矿场打钻，曾经借重过丁先生，从打钻弄得两万元钱，在徐州经营小规模面粉厂，刻苦辛勤，由此起家，现在约略估计约有一百余万财产。

可是他对于工业上兴趣既浓，所抱的野心又大，所以把资财完全倾注在事业上面，私人并没有现钱的贮存，所以在某一季节或某一时期，他还时常感觉到资金运用不足，或许要被索债的人上门来。他在这两年运用他自己的经验的智力，在本厂造成了九架面粉机的磨子，连建筑机房，添置机件，耗费了数十万金。但是如果自造的机件有一个螺丝钉不合式，那么全功尽弃，前途也就可想而知。在开机那一天，他的面粉厂总理才捏了一把大汗对人说：你佬！现在放心了，好危险啊！只有我们"三爷"（杨君行三）才会这样蛮干到底。

临到别人失意的时候，雪中送炭，贻人以钜额的金钱，而没有目的和作用，已觉到不是寻常的事情，偏遇这位骨鲠而不苟受的丁先生，事实上已觉有些奇特，同时更有并不十分豪富的赵鉴衡君慨赠钜款，还要把姓名隐在幕后，连已殁的丁先生始终不知道有这么一回事，也可说奇之又奇了。

（原载《独立评论》一九三号，民国二十五年三月二十二日）

留学时代的丁在君

李毅士

在君病殁，举国悲伤。我们做朋友的念他生前为国尽瘁的勋劳，自应当于他死后使国人知道他的好处。在君自十八岁出洋赴英迄至二十五岁回国，和我差不多常在一起，他在这个时期的生活，除非他生前自有记载，我想恐怕没有第二个人知道得像我这样完全。况且这八年要算是在君一生中一个最要紧的时期，他的学业是在这个时候完成，他的性格也是在这个时候养成。我想，关于他的记载，倘若没有这时期生活的一段小史在内，决不能称为完全。我想念及此，虽然笔懒，总觉得我责任上应该在此地把他留英八年间过去约略叙述一下。

我幼时的生活是不甚有规则的，日记是懒得做，亲友给我的书信也没有想到保存，所以关于在君和我两人在英的生活，现在一点可以供稽考的笔记资料都没有。我以下所记都凭我脑中所留的印象写下来，虽然不会大错，但对于事的年月地名人名等等往往都说不出来了。

我初次会见在君是在光绪二十九年。他先我一两年到了日本，在东京和家兄祖虞及我许多旧友都往来相熟，所以我到日本不久便和他会面。他起初和我往来不密，因此我不能记载他在东京的生活。后来日俄战争发生，在东京的中国留学生颇受日本人的讥笑，有许多学生因受了刺激，便无心读书，在君那时也是其中之一人。又在那个时候吴稚晖先生方居留在苏格兰的蔼丁堡城中。他常有信给东京留学生，称苏格兰生活的便宜，劝人去留学。据他的计算：中国学生到那里留学，一年只要有五六百元的学费，便够敷衍。在君受了这种引诱，便动了到英国去留学的意思。我那时是和一个同乡学生庄文亚君同住，庄君也在这时候起意要到英国。他和在君一旦遇见，彼此一谈，志同道合，他们出洋的酝酿，即就此开始。在君搬到我们那里来同住了。他们时常商量出洋事，自然也冲动了我去英的念头。但是我的家况和他们的不同，我父亲是一文没有，家用都是我先长兄祖年所供给。我长兄那时是山东现任知县，虽还有钱，但是我兄弟很多，我不敢望他特别待遇我。我到日本是和亡弟祖植同去的，由我母亲特别向我长兄商量，才得成功。若我这时忽然又想出西洋，不但我长兄不见得肯，便是我的母亲也要觉得不好意思开口了。后来是在君出主意，由他先资助我路费，且同我去，到上船以后，再报告家中，商量以后的学费。家兄祖虞和亡弟祖植都是同在东京，当然都瞒不过的，均由在君代我向他们疏通。现在我回想到这件事，我是一方面十分感激在君肯为朋友仗义任劳，同时我也不肯抹杀我兄和我弟的慷慨，竟允许我和丁庄二君同去。

我们三人既决定出洋以后，还继续住在神田区某下宿里，预备了大约有一两月的英语。在君的英语是一点根基都没有，比庄文亚和我都差，然而到我们出发的时候，一切买船票等交涉，都是他出头了，足见他求学的聪明，真可令人佩服。至于我们那时为什么不立即出洋，要在东京挨延呢？我已记不清原由了。大概是因为他们家款都还没有准备好，或者是因为我三人都手头拮据，没钱出发。

我们离开东京是光绪三十年，时间大概是春夏之交。我们那时所谓经济的准备，说来也甚可笑。在君的家中答应给他一千元左右，交他带去，至于以后的接济，他家虽允筹划，却毫无把握。文亚得他家中的资助不过四五百元，以后却再无法想了。至于我呢？那时正值我家把我和我弟祖植半年在东京的学费（三百元）寄到，我们就向家兄祖虞商量，先把此款尽数归我带去，总算起来，我们所谓准备好的经费，统共不过一千七八百元。依我们当时的计算，日本邮船价廉，三等的舱位每人不过一百数十元，倘加上治装和沿途开支三五百元，我们到英国时至少可以有好几百元余款。不料那时适因日俄战争，日本船不能乘。于是改乘德国船，每人船价是三百元左右。还有，我们沿途开销也不能如我们理想。我们自东京到横滨，再自横滨到上海，已差不多把我的三百元用完。我们在上海是须得耽搁一阵，因为丁庄二君的家款都约定在上海交付，因此我们途中开销，又增加了一笔旅馆费。统计一切，到我们上船赴英的时候，我三人手中，只剩了十多个金镑。兹把经济之事抛开，且说我三人到达上海以后，文亚因为家在上海，回家去住了。在君是有他父亲和长兄到上海来送他，惟有我只得隐身客栈里，等他们把一切事务办了，三人一同上船。我们上船的日子，应该是我们的一个重要纪念日，不幸我把它忘了，真是惭愧。

我们于上船以后，除说我在香港寄信到家中报告我出国外，沿途本不应当有可记载之事，岂料在半途中，我们竟有一个最可纪念的奇遇。我们到英国去，虽然手中钱不多，却以为到彼遇见稚晖先生之后，终有法想，所以沿途仍是一样化钱游玩，并不着急。有一天在君听得人说，蔼丁堡距离伦敦甚远，每人火车费要若干镑。计我们当时手中所剩的款，已经是不够买车票到蔼城去会见吴先生了。试想我们三人远在异国，语言不通，举目无亲，果真缺钱流落，就是讨饭也没有处讨，我们当时的焦急是可想而知。岂料我们竟有一个奇遇，解了我们的危险。和我们同船的有一个福建人方某。他虽然乘的头等舱，却爱和我们做伴。船抵新嘉坡，是他约我们上岸探访林文庆先生。林先生那时在新埠行医，和方君相识。我们承他的招待得饱餐了一顿。他在席间说起来康南海现住槟榔屿。槟榔屿是我们的船要经过的口岸，因此他给了我们南海的地址，嘱我们路过时往访。我们那时主义虽不倾向保皇，对南海还是崇拜的，会他一面岂不荣幸？因此船到槟埠，我们果然登门叩谒，南海出见我们后，问过姓名即发了一篇劝戒青年的宏论，说毕随即问及我们各人的情况。代表我们答他的是在君。在君的言语是很得体的，绝没有向他求助的口吻，然而究竟我们的情况奇苦，有许多地方在君也遮掩不住。南海闻听之下，很代我们焦虑，一方面应允我们于他到英时（他说不久要去）为我们筹永久办法，一方面由身边取出十个金镑奉赠，并有一函托我们带给他女婿罗昌君。

康南海的赠金既救济了我们途中的危险，岂知他所托我们转交的信，也是我们的一个重大救星。我们船抵英国，大约是七八月间，在南汉泼登口岸登陆，再乘船公司包定的火车到伦敦。同船的方君是第二次到英了。他是有友人到车站接他。我们由方君的朋友顺便招待，当晚得上了北行的火车。方君友人的招待也是我们途中一件极徼幸之事，因为我们如果没有他招待，势必须要沿途问讯和耽搁，又要花不少钱，甚至于到蔼车费仍归要不敷。我们到蔼以后，稚晖先生已代我们觅好了住所。我们这住所里的待遇，先打破了我们的迷梦，使我们知道我们当初的计划又要失败了。我们在日本时，大家相约于到英国后，要住居陋巷，凭面包白水过日子。今在这里有如此的华居肉食，恐怕经济上又要发生问题。待我们卸定行装，向稚晖先生诉述我们的情况并报告我们的志愿后，我们方知道我们以前的计划果然是梦想。据稚晖先生之见，在霭城过我们预计的那种生活是不可能的，因为本城中国人少，城中人都注意我们。如果我们在此过那寒酸的生活，是要为中国人丢脸的。倘我们愿意，他可以和我们同到苏格兰的葛兰斯哥（Glasgow）或英伦的利物浦（Liverpool）去住。那两处常有中国水手往来，那地方的人对于中国人的寒酸气是司空见惯了，所以我们在那里不要紧。我们对稚晖先生所说，虽没有什么不同意，然而我们钱囊已竟又是空了，即使要搬走，也不是一朝一夕能做到。若要说借贷，稚晖先生也穷得很，无钱可借，那末我们目前的几日将如何度过？幸而我们到霭的第二天，即把罗昌君的信转寄给他，岂料他于我们千愁百虑的时期中，给我们一封回信，附了二十镑的汇款。我们受南海先生之赐实在不浅。后来康南海到英，在君重又会见了他。至于所赠三十镑，我听在君说，于南海先生逝世以前，曾偿了他一千元以示不忘旧德之意。

罗昌君的二十镑支持了我们不少日子。后来我家款也寄到了，家信里也答应了我要求的学费，我们的经济问题算告了一个小段落。至于到葛城或利城去的问题，经大家商议结果是稚晖先生和文亚两人同到利物浦去，在君和我仍留霭城。文亚所以要离开我们，大概是因为他家无钱，不愿常为我们之累。在君和我们所以不去，是恐怕那里生活不宜读书。若不读书则不免失去了我们到英国来的目的。

我上面所述似乎是记载我们三人出洋的经过，不像纪念在君的文字。但是读者要知道我三人之中，在君实在是领袖，我们一切的计划、言论、行动，大半是他出主意。我们如此的冒险出洋究竟对不对，功过可说都是在君的。所以我把这一段的故事详细的记载了。至于我对这件事的评论，以为在君那时虽免不了幼年的卤莽，他一切行动，皆因受爱国心冲动而出。在君那时的爱国心很切，那是无疑的。他在日俄战争之时无心读书；他在由横滨到上海的船上，遇见一个菲律宾革命党。虽语言不甚相通而竟和他十分同情，几成莫逆。他对于救国方法，那时并无具体计划，但是他觉得学问非常要紧，要救国必先要求学。他冒险出洋，也是受了这个见解的驱使。我常想天下的冒险事，不计成功失败，只要有正当目的的即是勇敢，若是任性胡行的则是糊涂；那末我们冒险到英，不能不算是在君一件勇敢之事。

　　稚晖先生和文亚去后，在君和我留在蔼城，从一个苏格兰女子孔马克（Cormack）夫人学习英语（孔夫人后随其夫孔大夫于民国初年在北京行医）。如是未久，因一个曾在中国传道的司密士（Smith）医士的介绍，到英伦林肯府（Lincolnshire）一个小城名司巴尔丁（Spalding）的，入了那里的中学。我们到那里去的理由，大半是省钱，也因为司医生家在那里，我们顺便得许多招呼。那时中国学校不像现在这样功课完备，留学生到外国时常常一点普通知识没有。

在君到英国时，除国学和英语外，一点都不知道，所以我们到中学去读书，算不得屈就。我们到那学校后，颇受校长土意持（Tweed）的青眼，虽然骤然间我们须同时学许多门新功课（如拉丁文、法文、数学、史地、理化等等），居然于第一学期终了时都还得了奖。这学校里还有一个教员格灵胡（Greenwood），对在君分外器重，后来在君学业的猛进，很得他教导之功。我们在司巴尔丁约有两周年，在君考取了剑桥大学的入学试验，我是蒙教员司拜塞（Spicer）的介绍，入了约克府（Yorkshire）董克司多（Doncaster）城内的美术学校。

我们在司巴尔丁两年的生活里值得记载的是，除在君对功课的努力外（假若读者要知道剑桥大学入学试验之难，便知道在君的用功），在君后来能澈底了解英国人实基于此时。我们在此，中国人一个不见，终日所交际的都是诚实的村人，且司密士的家族亲友，经司密士介绍后，都把我们当自己人看待，家庭琐碎绝不对我们有所隐藏，更兼格灵胡为尽其教育的责任，对所见所闻，处处对在君加以解释和指示，所以在君此后可以对英国人的心理和思想，用正当的眼光去观察，不至于误解他们了。

至于我和在君，虽未曾完全住在一处（起先我住校中，在君在外寄住），当然是常在一起。因为那时在君的家款尚不能按时接济，我们是经济通用，患难相共的。我还记得有一次我们手中缺用，我去家函催电催汇款都没有回信。我是鞋头开口几不能步行，不记得在君为什么也焦急万状。我两人携手在校门前踱来踱去约有两个钟头，没有想出办法。到第二天我家款幸而寄到，救了急，但是这两个钟头的情景，在君和我都始终没有忘记。去岁在君还把这件事详告我小女，以表示我们当时患难相共的情况。至于我们以后六七年间的经济，我顺便在此说一下，免得再行提起。我的家款是可以稍有伸缩，大约是每年在八百元左右，在君后来也有家款寄来，听说多半是他本县的公费，但到我们到了葛兰斯哥（Glasgow）之后，在君承公使汪大燮帮忙，补了每月十镑半的官费。至于我们两人间，则自始至终，经济通用，没有分开。

在君进了剑桥大学之后，选习的大概是文科，但我记不清楚了。他于年假（光绪三十二年底）的时候到董克司多来和我小住，说他不再到剑桥去了，因为那里局面很大，我们的经济支持不住的。从这时候到能改进别的学校时候还有八九个月的光景无事可做，他便到欧洲大陆去游历。他在大陆上住得最久的地方是瑞士的罗山（Lausnne）。到光绪三十三年七月间他来信约我同到苏格兰的葛兰斯哥（Glasgow）去读书，因为他探听得那里的美术学校很好。至于他呢？他已决定改入伦敦大学学医，但是该校有外读的规则（External Student），他可以不必去伦敦，所以也预备到葛城来和我同居。我遵从了他的意旨，迁移到葛城，他也从大陆来，两人在此重复相聚。

在君在这一年间虽说是荒废了学业，却增长了不少以后有用的才能。他在剑桥大学时，受了名师的指导，于英文一项，竟告完成。他的文字居然于这个时期在一两大杂志里发表。至于他在大陆上居住，不特使他对于欧洲政治的观察有了长进，又使他的法语可以谈话自如。

在君在葛兰斯哥住了将近四年。第一学年里，他是在本城的专科学校（Technical College）选科，至学年终了时往伦敦应试。伦敦大学的考试规则是分中间试验（Lntermediate）和毕业考验（Final），每次考试是要各门功课同时录取，若有一项不及格，则全部作废。在君这次的考试，一则因伦敦大学的考试为全国最难，二则因在外预备究竟有许多隔膜，其中竟有一门未能及格。这一件事要算是在君求学上唯一的失败事，然而也可以算是他失马得福的一件事。在君经过了此次失败，即抛弃了他学医的志愿，改入了本城的大学（在君以剑桥大学的资格考入别校都不成问题），选习了动物学。在君此时的思想已转移倾向于科学方面，又急急要毕业回国，因此他那时的意思只望指望任选一种科学读书，便了结他的志愿。按葛兰斯哥大学的规程，凡选读科学的，须先选读数、理、化等四五门科学一年后，即受初次试验（First Science Examination）。初试及格后，则应选读主要学科（Principal Subject）一种，副科（Subsidiary Subject）两种。这种学科的试验是于初试及格后任何时可应考，但正式毕业则至少须要两年。在君的初次试验是一试即取不成问题。他以后所选的主要学科是动物学，副科是地质学和还有其他一种。他于第一学年终了时（宣统二年），把两种副科考过，主要科也考取了一部份。到第三学期开始，他觉得很闲，因增修了地质学也作为主要科并地理学为副科。到宣统三年他是葛兰斯哥大学的动物和地质学双科毕业。

在君在这四年期间的生活，除每逢假期远出游历外（最远是到德国）我所可记的是他的科学化的性格的养成。我记得他有一次不知在哪一个实验室里工作觉得很难，颇感棘手，他归家对我一方面表示他的师长的佩服，一方面自励说："我必须养成这种好习惯，方始有真正求学和做事的才能。"即此一件事，我们可以知道在君后来所以能在中国地质界中做许多伟大事业，都是他在格兰斯哥努力的结果。

关于在君的事，我还有一段最后的记载，这是讲他回国的途中。我先要说："在宣统二年的时期，我们忽有补全官费的希望。那时在君因将要回国，请把官费让给了我。代我们中间斡旋其事的人是现在实业部的张轶欧先生。承他的大方，我不但于宣统二年的夏间补了官费，并且把我的官费自一月算起一次补给了我一百多镑。我得了此费没有什么用处，便玉成了在君一件大事。在君性好游历，我是说过的。这次他毕业回国，他便想在中国旅行一下。他的计划是由美坐船到安南的西贡，自西贡到云南，再由云南在中国内地旅行东行回家。在那个时期，内地的旅行岂是容易事！不是他卓绝的勇敢，谁敢干这种辛苦冒险的事？他当时要如此行路，是不是专为调查地质，则我不记得了。但他此行却帮助他以后事业的成功则是无疑的。我们所多余的一百多金镑，解决了在君旅行经济问题，他于宣统三年春间，学校毕业以后（我记得仿佛没有等待举行毕业典礼），便依照了他的计划，沿中国内地回返故乡，我于民国四年返国，与他重逢，民国五年与他同居北京，虽同居还有数年，但因他的事业是和我两途，我愿意把关于他以后的记载的责任，让给和他共事的诸位先生们。

（原载《独立评论》二〇八号，民国二十五年七月五日）

对于丁在君先生的回忆

汤　中

在君已死了四个月了！我时常想起在君这个人，因为我对于在君有深刻的印象，所以不知不觉地回忆在君过去的种种情状。

在君给我的第一次印象，是在日本东京留学的时候（一九〇四年）。当时在君的年纪只有十八岁，和我同住在神田区的一个下宿屋，他那时候就喜欢谈政治，写文章。我记得东京留学界，在一九〇四年的前后，出了好几种杂志，都是各省留学生创办的；如湖北留学生之有《湖北学生界》，浙江留学生之有《浙江潮》，江苏留学生之有《江苏》，执笔者大概是能文之士，总编辑是各人轮流的。《江苏》杂志第一次的总编辑是钮惕生先生，第二次是汪衮甫先生（衮甫在江苏留学生中最负文名，笔名为公衣），后来就轮到在君担任。在君的文章也很流畅，也很有革命的情调（当时的留学生大多数均倡言排满革命），可惜在君在《江苏》杂志上发表的文章现在都散失了,我搜访了多时,一篇也没有找到,是最遗憾的一件事。在君住在下宿屋,同我天天见面,他谈话的时候,喜欢把两手插在裤袋里,一口宽阔的泰州口音,滔滔不绝,他的神气和晚年差不多,只少"他的奇怪的眼光,他的虬起的德国维廉皇式的胡子"而已。我最佩服在君离日赴英的勇气。在君在东京不过读了一册英文读本,他的英文教师系侨居东京的苏格兰人,有一日本老婆,他和同居的李毅士、庄文亚,天天去就读。不久,文亚接到吴稚晖先生由苏格兰来信说:

> ⋯⋯日本留学生终日开会,吃中国饭,谈政治而不读书⋯⋯留英读书并不太贵⋯⋯

于是他们三位不管腰包里的钱有多少,竟以是年二月某日离开东京的新桥车站,转沪赴英了。在君曾告诉我到英的一段经过:

> 船经槟琅屿,遇见康有为先生,送我们旅费十镑,才能够到爱丁堡。但到了爱丁堡,三人身上只共剩旅费五镑,后向康有为先生的女婿罗昌先生借得二十镑,即同毅士离去爱丁堡,而往Spalding(Lincoln Shire的一个小城)进了**Spalding Grammar School**。当时寄宿的地方距离学校不近,每天来往都是走路,往往遇到下雨,袜子总浸湿了。归寓以后,把袜子脱下晾干,至明早再穿上到校,因为只该一双袜子,所以无法替换。

在君这样的壮志,这样苦学的精神,无论何人没有不佩服他的。而且学得那样好，竟成了国际间一位有名科学家，更值得我们赞叹。再看了他一段少年时代的历史，可以知道他后来的立身行事也非偶然：（一）他少年时既有这样不畏难的决心，所以他后来办事有那样坚决的果断。（二）他少年时既如斯刻苦，受经济上的困难，所以他一生用钱不超过他的收入，从来不欠债。（三）他少年时既喜欢谈政治写文章，所以他虽然成了科学家，而对于政治的抱负及写作的兴味仍始终不衰。除了以上三种情形以外，还有一件小小的事也和他少年苦学有些关系，就是他的脚痒病或许受湿袜子的影响。

他第二次给我的印象，是在民国十六年卸任淞沪总督办来到北平，和我同住在德国饭店的时候。我初见在君，以为他做了阔官，总有些官气，不料一见之下，他的举动，他的言谈，完全与以前一样。他曾告诉我所以辞职的原因，系了为孙传芳被国民军打败以后，就跑到天津屈膝于张作霖麾下，原来孙传芳是反对张作霖的，因为要保全自己地位，不惜认敌作友，这种行为的人，哪里可和他共事。可见在君当淞沪总办，并非为做官而做官，实为事而做官，一旦意气不合，即怫然而去，真可以把他自己所写的两句诗"为语麻姑桥下水，出山要比在山清"，来形容他的出处了。在君做了淞沪总办，不但无一些官气，而且依然是一个穷书生，他和他的夫人虽然住了德国饭店的两间房子（是在我住的房间隔壁），而出入不过坐一辆破东洋车。他有一天对我说："我在上海节下薪水三千元，已被我的大家庭中的人索去了。"许多人以为在君当了淞沪总办，必赚到不少钱。不错，淞沪总办本来可以发横财的，但在君的操守是一丝不苟，所以只剩了三千元的俸给。后来在君夫妇由北平搬到大连去住，听说他们在大连的旅费还是杨树诚接济的，这件事在君的朋友知道的很多，用不着我来说明。

他第三次给我的印象，是在去年夏天在莫干山铁路旅馆避暑的时候。当时我住在第一馆的楼下，他和他的夫人住在第一馆楼上，还有一位他的内侄女史小姐陪着他的有病夫人，常到竹院里散步。我住莫干山约有两个月，见在君来住两次，第一次他住了半个月就下山，隔了十几天他又上山，大约因为中央研究院事务甚忙，不能久居的原故。他腰脚很健，每从南京来山，到了庚村汽车站，即步行到旅馆，不须坐山轿。庚村到铁路旅馆为程约有十里，山路极崎岖，在君一点不觉得疲倦。他在山中常同着史小姐游逛塔山。此山为莫干山最高主峰，高出海面二千五百尺，游人到此，均须坐山轿，而在君总是步行，我非常羡慕他的身体壮健，决没有料到他就会死！他有一天吃过午饭之后，和我坐在走廊，促膝谈话，一直谈到黄昏，差不多把二十年前的往事重新温理一遍；他又对我说，要把现在担任的各种职务一一觅替人继任，且提到梁任公先生的年谱，长编已脱稿，拟交燕大学生某君（姓名我已忘却）整理，他的词气之间，隐隐然有把经手未了事件付托别人的意思。这半日间长谈的情况，至今犹时时在我的脑海中泛现着。

最后我对于在君还有一件不能相忘的事，即去年十一月十八日午前十时，我带了亡儿晋的遗著，到中央研究院访问在君，托他写一篇序文。他一口答应，当晚七时，他就派信差把写好的序文送到我寓所了。当时他的工作甚忙，对于朋友竟如此热心，实在值得感谢。他这一篇序文，是他的绝笔，更为可宝。兹把原文照录如左：

> 汤爱理先生是我三十年以前的老朋友。民国以来，同住在北平，不断的见面。民国十六年我同他同住在德国饭店，一天晚上看见他同一位青年吃晚饭。我过去招呼方知道是他的公子汤晋。十七岁已经考入燕京。我当时很替他高兴。不料去年他竟因游水受伤死在南京了！爱理把他的遗文搜集起来出版为他纪念，叫我做序。我把这本遗著看过一遍，发生两种感想。汤晋是先学物理，后学新闻学的。在教育上这是一种很难得的连合。学自然科学的人往往不屑得做宣传与通俗的文章。普通新闻记者又很少有科学的训练。假如他不死，投身于新闻事业，一定可以提高新闻界的程度。我很希望有志于新闻事业的青年，学他的好榜样；在没有专习新闻学以前，先受一番科学洗礼。他的遗著很可以代表目前优秀青年的知识和志趣。七篇中文，五篇英文之中，一篇是他毕业的论

文，是讲物理的，此外六篇讲航空，一篇讲医学史，一篇讲新闻史，两篇讲外交，一篇小说。许多腐化的人动辄骂现代青年不如从前。请问三十年前，哪一位二十三四岁的青年有这种知识，能写这种文章？就是他的死也足以代表时代的进步。三十年前二十三四岁的青年，还饱受了"千金之子，坐不垂堂"的教训，路且不会走，何况游水？喜欢运动，不怕冒险，现在的青年比三十年前高明何止十倍！所以我看了汤晋遗著，一面为朋友和社会可惜这一个优秀的青年，一面觉得这是三十年来青年进步的证据；在国难当头的时候，给我不少的安慰，增加我不少的民族自信心！

在君这篇文章，对于我的亡儿留下来的小小学绩，写得多么深刻；对于现代青年人的进步，写得多么兴奋；在君真是一位青年学子的爱神。他死了以后，我翻读这篇文字，觉得格外伤感！一则痛惜我的儿子，一则悲伤我的亡友。当时我请在君做这篇序的时候，再也想不到把他的序文写在追悼他的"回忆"的文中！

　　在君的遗榇，今天在长沙岳麓山安葬，我没有能够去参加执绋，遂写了几句挽歌，聊表哀思，并作为这"回忆"的余音：

　　　　死在那里，葬在那里，先生之言，亦可哀矣！
　　　　死在那里，葬在那里，楚山楚水，招魂千里！

死在那里，葬在那里，长眠岳麓，悠然终古！

廿五、五、五日。

（原载《独立评论》二一一号，民国二十五年七月二十六日）

丁在君先生之遗嘱

竹垚生

丁在君先生在二十四年三月七日从南京寄一封信给我，他说：

> 弟新立一遗嘱，请兄为执行人之一。遗嘱同样一共有三份：一份存此（南京中央研究院），一份拟存上海浙江兴业银行保管箱，一份寄上乞兄代存。遗嘱执行人责任甚重，以此累兄，心甚不安。忝在知交，想不见怪也。

他的遗嘱内容是这样的：

> 立遗嘱丁文江，字在君，江苏泰兴县人，今因来平之便，特邀旅平后列署名之三友签证余所立最后之遗嘱如左：

> 遇本遗嘱发生效力时，即由余亲属邀请余友竹垚生先生为遗嘱执行人，余弟文渊亦为余指定之遗嘱执行人，依后列条款，会同处分余之遗产及督理余身后之事。

> （一）余在坎拿大商永明保险公司所保余之寿险，所保额为英币贰千镑，业由余让与余妇史久元承受，并经通知该

保险公司，以余妇为让受人，即为余妇应得之特留分。

此项外币之特赠，为确保其依兑换率折合华币之数足敷生活费用起见，兹特切托本嘱执行人，遇兑换所得不足华币现银三万元时，即先尽余其余遗产变价补足之。

就换足前项额数之货币中，至少有半额，终余妇之身，应听本嘱执行人指商存储，平时只用挛息，不得动本。遇有变故，或其他不得已事由，仍得商取本嘱执行人之同意，酌提一部分之本。此项余妇生前用余之款，除其丧葬费用外，概听余妇以遗嘱专决之。

（二）除前项确保之特留分，及后项遗嘱之书籍用具文稿外，余所遗之其余现金证券及其他动产，兹授权于本嘱执行人，将可变现金之动产，悉于一定期间内变易现金，就其所得之现金，以四分之一归余三弟文潮之子女均分，以四分之一归余兄文涛之子明达承受，其余四分之二归余弟文渊、文澜、文浩、文治四人均分。

（三）余所遗之中西文书籍，属于经济者赠与七弟文治。属于文学者赠与七弟妇史济瀛。中文小说留给余妇。其余概赠现设北平之中国地质学会。

余所遗家庭用具，除尽余妇视日用必要听其酌留外，其余悉赠上开中国地质学会。

余所遗文稿信扎，统由余四弟文渊七弟文治整理处置之。

（四）以上各条之遗赠，遇失效或抛弃而仍归属于遗产时，即由余友竹遗嘱执行人商取本嘱见证人之意思，就归属于遗产部分之财产，以一半分配于现设北平之中国地质学会，其余一半准本嘱第一条第二条所定比例摊分于该两条之受赠人。

（五）于余身故时，即以所故地之地方区域以内为余葬地，所占坟地不得过半亩，所殓之棺其值不得逾银一百元，今并指令余之亲属不得为余开吊，发讣闻，诵经，或徇其他靡费无益之习尚。遇所故地有火葬设备时，余切托遗嘱执行人，务必嘱余亲属将余遗体火化。现行法已废宗祧继承，余切嘱余之亲属，不得于余身后为余立嗣。

以上遗嘱，为余赴北平时约集旧友眼同见证，同时签署。并嘱余友林斐成本余意旨为之撰文，合并记明。

中华民国二十四年二月二十二日立于北平。

立遗嘱人　丁文江

见证人　　胡　适

　　　　　翁文灏

撰遗嘱人　林行规

丁在君先生的为人同学问，《独立评论》一八八号的纪念号已有详细亲切的记载了。不晓得的人都以为丁先生做过淞沪督办，必定大有钱，实在是不对的。他的财产只有八种股票，照廿五年四月一日的市价变成法币，共得法币一万七千另七十元。除去葬费一千五百元，还多一万五千五百七十元。遵照遗嘱按八股均摊，每股得一千九百四十六元二角五分。上项遗赠金，已于二十五年四月一日分赠与在君先生的兄弟。丁夫人的生活费就靠永明公司贰千镑的保险金和中央研究院的恤金，现在也已如数领到了。

（原载《独立评论》二一一号，民国二十五年七月二十六日）

三、中研院院刊第三辑部分

（一九五六年十二月）

丁文江与中央研究院

朱家骅

　　时光过的真快，丁在君先生逝世忽忽已经二十年了。本院为纪念其在总干事任内的功绩，将出一专刊。编辑委员会并以《丁文江与中央研究院》为题，要我担任撰写。无论公谊私情，都义不容辞。就题目来讲，当然应以他对本院的贡献为范围，可是执笔伸笺，怀念故人，情不能已，所以不免稍稍离开了本题，把我和他缔交之始从头说起。

　　我与他认识，并不很早，但其四弟月波，是我早年的同学，因此在求学的时候，已经听说他的大名。民国九年，他为地质调查所搜集有关地质学和古生物学的德文杂志图书，要我替他在德国选购，这样，才和他开始通讯。十三年春末，我第二次从欧洲归国，回到北京大学教书，他和翁咏霓为我洗尘，这是第一次和他见面，交谈之余，就觉得他是一位很能干有为的学者。从此以后，我们在北京时常见面，有时在地质学会，有时在葛利普教授家里，他的议论丰采，曾留给我一个永难磨灭的印象。他爱护后进，无微不至，只要发现可以造就的人才，无不竭尽心力鼓励扶掖。许多地质学界的后起科学家，都得到他的指导涵育，譬如李承三就是其中之一，李是他在德国所赏识的，回国以后他就介绍于中大罗志希校长任地质系主任。地质学所以能够在中国建立了学术标准，实不能不归功于在君先生的辛勤努力。

十五年夏末，张学良入关到北平，当时政治环境非常恶劣，我被迫离开北平，应中山大学的聘请，担任地质系教授兼系主任。南下路过天津勾留数日，他已经就任淞沪商埠督办公署全权总办，家眷仍留住天津，恰值他从上海回到天津，在他家里聚会一次。不久我到上海，他亦已先我到了上海，曾到旅馆来看我，适蒋梦麟先生亦在座，谈起我广东之行，他很表赞同，当时已在北伐期间，而孙与国民政府正处于敌对地位，他是在孙传芳之下做事，却不反对我去广州，可以想见他当时对政局的看法，而且他对朋友的一番真诚，更令人感佩。淞沪总办这一段事迹，是他最受批评的地方，也可以说是他生平的耻辱，但其动机是完全出于热诚爱国，想替国家做一番事业，他也很自信有替国家做事的能力，记得他对当时中国政治混乱的看法，曾经说过："最可怕的是一种有知识有道德的人，不肯向政治上去努力。"因此他又说："只要有几个人，有不折不回的决心，拔山蹈海的勇气，不但有知识而且有能力，不但有道德而且要做事业，风气一开，精神就会一变。"他为人极富感情，孙传芳对他尤优礼有加，所以促成了担任此事。在淞沪总办任内，他想转移孙氏，真正替国家打开一个光明的前途，可以说是完全失败，但是他所擘划的上海都市建设计划，却奠定了大上海成为现代化都市的基础，其功绩仍为人所称道。他不但是一位道地的科学家，而且极有行政能力，真是学者中少见的奇才。他热心政治，是完全由于爱国思想与责任心的驱使，绝非世俗一般热衷利禄者所能比拟。从淞沪总办任内下来，他除掉多添一层沉重的心情，依然是两袖清风，不愧书生本色。民国十五年末，他离开上海后，隐居大连，闭门读书，不问外事。十六年我在中山大学任内，很想请他担任理学院院长，但是当时各方空气对他非常恶劣，甚至以后成为他知交的人，也极力反对，所以没有实现，如今回想，实在是中山大学一个很大的损失，他不但是一位很好的理学院长，而且是很理想的大学校长。二十一年春，我任教育部长时，曾经一度想请他担任中央大学校长。

我在广州数年，因为职务繁忙，不曾和他通讯，到了二十三年夏，他应孑民先生之邀，继杨杏佛先生遗缺任本院总干事。因此在南京，才重获会面，但当时我正在交通部长任内，又时常要参加中枢各种会议，时间不能自由支配，虽往还较频，而畅谈的机会反而不多，至于中央研究院方面，最初我固然参加过筹备工作，后来又担任地质研究所通讯研究员，却是职务上仍无直接关系，所以当时对内部的情形，不尽详悉。不过他所促成的几件重大兴革，我都很清楚的。他就任总干事之后，第一件工作是修订章则。他个人学问兴趣很广，并且极有修养，和各所长相处甚得，除掉地质研究所之外，他对历史语言研究所的工作，也很有兴趣，尤其对考古学与体质人类学，特别注意，因此，便与孟真成了知交。二十三年七月，他看到当时社会研究所人才缺乏，遂将其在北平所办的社会调查所合并过来，改称社会科学研究所，聘请陶孟和为社会科学研究所所长，分法制、经济与社会三组，将原有之民族组划归史语所，并请中华文教基金会补助经费，延揽人才，提高水准。将濒合并之时，因基金会总干事任叔永对先已谈妥的条件忽持异议，他大为生气，后经适之先生从中调停，才获转圜。他跟任叔永本是知交，但为着公家的事，却毫不马虎。他对各研究所的工作，常有其精辟的见解，例如他认为动植物研究所不应专作分类工作，而必须同时注重研究育种与病虫害，及他真正与农业生产有关的工作。他更扩大各研究所与其他研究机关，或事业机关合作的范围，除掉早经合作的继续进行外，又与教育部合作协助筹备中央博物院，与棉业统制委员会合作，成立棉纺织染实验馆。中央博物院是我在民国二十二年春所竭力主张已经发起请傅斯年先生筹备的，他对博物院事业也向来极其注意，所以到中研院以后，一面力助教育部促成并推进其事，一面更与博物院筹备处订立合作研究办法，这些合作办法后来继续扩大进行，得到许多重要的成就。因为他富有行政才干，接事后就把中央研究院总办事处加以整顿，缩小员额到十八人，减少行政经费以增加事业费，并且把各研究所的经费，都根据工作成绩作合理的调整，以提高行政效率。他自己更以实是求是的精神，夙夜匪懈，案无留牍，使全院同人为之振奋。他对人事的选择，十分谨慎，对预算的编制也非常仔细，人事定了，预算编好了，就一任主管的人放手去做。如果遇到困难，他总是尽力帮助协求解决，使大家都能安心工作。总之，自从他到了中央研究院之后，全院工作精神，显得更有生气。

在君先生对中央研究院最大的贡献，是他一手设立的评议会。诚如适之先生所说："他把这个全国最大的科学研究机构，重新建立在一个合理而持久的基础之上。"根据中央研究院组织法的规定，第一项的任务是自作研究，第二项的任务是联络指导奖励全国学术研究工作。他接事以后，觉得当时中央研究院只是专做第一项工作，对于第二项工作没有着手进行，很表遗憾。为欲稳定中央研究院，保持其学术独立性，他遂进行上述第二项工作，发动设立评议会。他对评议会组织条例的起草，和第一届评议员的产生方法，与有关方面经过不断的商讨，几次再审，补充修正，才始完成，真可谓费尽心血。那时我仍在交通部长任内，他顾虑中央不能通过，常常跑到交通部和我往复磋商，我深深为他这种办事精神所感动。最初我对评议员只限中央研究院已有的研究科目，其他学科的人员并不包括在内，颇持异议。他力劝我不要再坚持，不必再扩大范围，以免发生其他枝节，他的苦心孤诣，使我终予同意，并在中央政治会议予以支持。二十四年五月国民政府修改中央研究院组织法，同时颁布评议会组织法。规定第一届评议员之产生，先由各国立大学有关院系教授选出候选人，再由全国各重要研究机关的首长与各国立大学校长，举行评议员选举会，就候选人中票选之。并以中央研究院院长总干事各十个研究所所长为当然评议员，第一届评议员选举会于是年六月二十日在南京召开，选出评议员卅人，九月七日正式成立评议会，此卅位评议员都是各重要学术团体所选出，所以评审会可说是一个代表全国学术研究的评议机构。第二届起则就上项办法选出之候选人由评议会开会以无记名投票选举之，开会的时候，照中央研究院已经设立的科目分组，由各组委员会调查全国研究机关的成绩与全国学者所发表的著作，以为将来联络的基础。评议会的成立，是在君先生替中央研究院立下了百年大计，有了评议会，才有后来的院士会议，有了院士会议，研究院的体制才正式完成，这是我们同人所深深感谢的。

民国二十四年底，他应铁道部之请，到湖南粤汉铁路两侧勘察煤矿，不幸在衡阳旅寓中了煤毒，延至二十五年一月五日在长沙湘雅医院去世，享年才四十九岁。我在南京闻耗，为之凄怆不已。当时我已离开交通部，蔡孑民先生自上海来函要我接任总干事，一面又请孟真与在京数位所长一再相促，我因脱离学术研究工作多年，数度婉辞未果，不得已于五月间到院，接替他的工作。他的生平，在适之先生替他写的传记里，已有很翔实的记载。他自幼颖慧过人，有神童之称，不但精通英德法三国语文，而且兼谙日语，汉学造诣更不必说，所以有极优越的治学条件，可惜他死的太早，否则对国家与学术必有更辉煌的贡献，以他的才华与学力，要是生在已经现代化的国家，虽享年较浅，在学术上的成就也当不仅止此。只是中国社会环境却不容他尽全力于这一方向，所以他常很大胆的想要转变风气，造出一种进步的环境，后来学者可以享受到较好的工作机会，这也是他恋恋不舍政治的原因之一。他实在可说是中国学术界开辟新纪元的一个科学家，在他的学问事功之外，还具备完美的人格；做事完全以事业为主体，决不牺牲事业去将就人情；遇着事业上的困难，必竭尽全力设法克服，从来不肯退缩；他对自己约束很严，公私分际向极清楚，遇人接物，亦甚具热忱，富有我们东方人的美德。他逝世虽已经二十周年，人们对他的景仰，却正有增无已，他治学的精神和做人的规律，必将永垂世间，留作后代楷模。

丁在君先生在地质学上之贡献

阮维周

一九三一年的秋季，我刚从北京大学预科卒业，丁在君先生返回北大任教，当时地质系的教授阵容，有葛利普、李四光、孙云铸、谢家荣及何作霖等，已是非常坚强，加上这位蕴藉渊博，学贯中西的丁先生，北大地质系的辉煌招牌，变成了一道不可抵抗的魅符，竟使我放弃向慕已久的"炼丹取金"的化学，而转攻"刮地皮"的地质学了。在君先生在北大时担任一年级的普通地质学，本是一门打基础的课程，但他却给每一个学生留下了不可磨灭的印象，也使每一个学生坚定了向学和研究的志向。使我最难忘的，是丁先生在课堂上讲学的神态：他左手持雪茄，右手执粉笔，深邃的目光、坦荡的风度和极为生动的讲词，他常用幽默的口吻来激发学生研究的兴趣，造成一种活泼愉快的学术空气。有一次他强调火山喷发的温度，三天后还可以煮熟鸡蛋，火山爆发的威力也能使火山灰飞绕地球三周，妙语如珠，真是既透澈又深入，博得学生不少欢呼。每在这种得意的场合，丁先生也不禁猛吸两口雪茄，放下粉笔，左右开弓的捋胡子。在这种自由讲学的空气中，欢笑共发问俱起，烟灰与粉屑齐飞，本来是颇为枯燥的学科，变成了人人爱好的功课。不仅激发了在学青年的兴趣，同时使旁听的助教也有了终生研究地质的决心。他首倡野外训练，常率领学生实地工作，指导范围，不仅亲授野外工作方法，并及于学生野外工作服装与饮食等各方面之指示。先生对地质的讨论与解答，善把握重点，扼要精辟，发人深思；对团体组织的处理，则极为科学，而有亲切感，众心悦服；真是一个绝好的青年导师与模范。至今日，后学者仍以先生之工作方法为准绳。

一九三五年当我从北大毕业后，考取实业部地质调查所调查员时，在君先生已离北大，担任中央研究院总干事职务，我曾为同班同学的职业问题给丁先生一信，请他在研究院设法安插，并隐含责备先生对同学漠不关心之意，丁先生本对青年极为爱护，接信后颇为震怒，回信详加训释研究院工作的性质与调查所工作之不同，何种人适宜研究院工作，何者不适，知之甚详，人量才而用，用得其所。在君先生确是极有眼光，有知人之明的，也最能认识有才干的人，他能安排适当的人在适当的工作上，这应是领袖人物必具的条件吧！当我被派赴河南伏牛山一带工作时，还未及返回南京，忽得先生逝世消息，噩耗传来，既痛良师之失，又悲学术界遽折一员健将，为之黯然经月。这是作者与先生的一段师生缘谊，今值先生逝世廿周年，谨将先生在中国地质事业及其本身地质研究工作之成就，追述于下，以为纪念。

民国元年，在君先生在上海南洋中学教书时即计划设立地质研究所，民国二年，任职工商部矿政司地质课，即借北京大学旧址，创办地质研院所，是为中国地质教育的先声。地质研究所是为养成地质调查人员而设的，丁先生极重视实地训练，倡议教授亲率学生分组野外工作，所以研究所毕业的学生都能单独工作，一部《北京西山地质志》，就是在在君先生指导下完成的，也是中国地质学家的第一部著作。

丁在君先生以为地质调查所非一般行政机构可比，须有专门设备，主改工商部地质课为地质调查所，亲任所长；其时草创伊始，先生躬亲着手实地调查，是为国人自行调查地质之始。民国十一年，先生兼任北票煤矿事，十五年正式辞去所长职，但对调查所的擘划，仍不遗余力。先生是中华教育文化基金会的董事，得该会之补助，刊印《中国古生物志》，十八年又获得罗氏基金的协助，在调查所增设新生代化石研究室，研究脊椎动物化石，自任研究室名誉主任，其后调查所办理全国土壤调查，设置土壤研究室，建筑燃料研究室及西山地震研究室，都有赖先生向各方奔走捐助，始抵于成。

民国二年至五年的工商部地质研究所，任教者，多由调查人员兼任，颇有无暇兼顾之苦，先生主地质教育与地质调查二事，分途兼进，以期各致其功，乃将研究所裁撤，由工商部商北京大学蔡元培校长，于大学内设地质科，由先生的努力于民国七年开办大学地质学科，才算纳入正轨教育。当时适欧战结束，举行和会，先生随梁启超赴欧，转道美洲返国，得参观各国研究机构并与各国科学家颇有接触。返国后，鉴于欧西学术之奋进，推动中国地质工作，益增努力，其尤可纪述的，一为捐集款项，为调查所修建图书及陈列两馆，二为延揽人才，为北京大学地质系，增聘教授，李四光氏自英返国，葛利普氏由美莅华，皆延入北京大学地质系，造就学生，更为积极，而地质调查的新进人才，亦因以有所取给。

在君先生于一九三一至一九三四年返北京大学任教，对地质系系务，多所改进，并集资筹建地质馆于北平沙滩松公府，使教学设备更趋完善，教授阵容，益形充实，室内野外分途研习，师生共任，登山临渊跋涉采取之劳，遂造成北大地质系的黄金时代。

一九三三年代表中国出席第十六届万国地质学会于华盛顿及纽约，并宣读中国石炭纪及二叠纪地层层位论文两篇，会后，再游欧洲，并访母校葛拉斯哥大学，瑞典访老友安特生，往苏联访巴库油田。返国后，即应邀为中央研究院总干事。于一九三四年夏就职后，即以全力筹划推进中国研究工作的联系，及鼓励中央研究院地质研究所从事浙江明矾石的试验工作。

南京中央大学地质系于民国十九年改组后，先生亦多方协助代为擘划。二十四年春，为中大约请李承三先生任教，三月间约奥籍贝克氏（Becker）来华，藉此人才的罗致，中大地质系得日有发展。

中国地质学会，系由先生的倡导，经常驻中国的外籍学者，如北大的葛利普，调查所的德日进，协和的步达生等之热心赞助，于民国十一年成立，先生任第一届会长，并发起刊印会志，会志所刊，水准甚高，得与世界各国地质专刊相比，蔚为中国地质学极重要的文献。中国古生物学会，亦由先生发起组织，于民国十八年成立。

在君先生在地质调查所任内，因系发轫工作，曾作全盘计划，其中荦荦大者，为全国地质图的测制与矿产的调查。自民国十三年开始，测制全国百万分之一地质总图，按照国际地质学会所定世界全图分幅及投影标准，每幅经六度纬四度，将全国分为五十余幅，调查所出版的《北京济南幅》，即为完成的第一幅。矿产调查一项，则注重工业原料的煤铁，并邀约农商部顾问安特生、丁格兰辅助调查工作，得有《中国铁矿志》等书的出版。先生复着手刊印《中国矿业纪要》，对于全国煤铁等矿的储量，各矿分布的情形，市场状况，生产及进口数量，作扼要记载，使从事中国矿业者，得有系统的知识。

先生欧游后，知中国地层及古生物学，须有较详尽的研究，自民国十一年葛利普教授来华，是种研究，始渐开展，中国青年受丁葛的鼓励，加速迈进，类别门分，著述益精。先生乃倡编《中国古生物志》，自任总编辑。《中国古生物志》的刊行，原受中华教育文化基金董事会的协助，故印刷精美，为世界学术界所欢迎，亦中国地质学上最博国际声誉的学术性刊物。《古生物志》于民国十一年发行，内分四门：甲、植物化石，乙、无脊椎动物化石，丙、脊椎动物化石，丁、古人类，其中无脊椎动物化石一项，部份为在君先生在云南贵州所采，大批化石、脊椎动物化石及古人类，则为丁氏主持的新生代研究室之发掘，而震动世界学术界的周口店北京人之发见，亦赖先生领导，获得惊人的成绩。

我们写在君先生对中国地质事业的贡献时，感觉到先生的一生就是中国地质学发展的历史，换句话说，先生一生皆以发展地质事业为己任，他倡办工商部地质研究所，协助擘划大学的地质系，设立地质调查所，举办全国调查事业，扶持学术研究，组织学会，发行学术性刊物及研究报告，与友邦学人谋求合作，使中国地质学上的研究与世界研究中心，并驾齐驱，他不仅是青年的绝好模范，也是中国少有的领袖人物。

在君先生素主实地调查，对野外兴趣，特感浓厚，其亲身考查区域亦广，不仅西南诸省，为其特别研究范围，即中国中部及北部各省，亦多有其足迹。在君先生调查时讲求精密，注意系统，是以纪录图片特别丰富，化石标本，尽量采集，但对著述，则异常慎重，研究结果之发表者，为数不多，不过二十余种，而其生平最大的中国西南方面工作，迄临终时止，尚未整理发表。

先生的第一次大规模调查，为民二至民三云南之行，由安南入云南，开始调查个旧锡矿，随返昆明，又北行经富民、武定、元谋、曲靖等县，过金沙江转入会理，复由会理再渡金沙江转入东川考查铜矿，折入贵州威宁，经宣威、曲靖、陆良而返昆明。此行除研究矿产外，并作路线地质图，曾特别研究古生代地层，采集化石甚多。将法人德浦拉（Deprat）的错误，加以改正，并建立滇东地层研究的基础。

民国十七年再赴广西考查，而于广西中部及北部如南丹、河池、马平、迁江一带，调查尤为详尽，此后除考查南丹河池锡矿及迁江一带煤田外，特注重地层系统及地质构造，而于马平石灰岩的研究尤详，马平石灰岩的驰名，全赖先生之力。

民国十八年复组织西南地质调查队，丁氏自组一队自重庆起，由曾世英、王曰伦同行，经松坎、桐梓至遵义，西行至大定，原拟会合由叙州入云南的赵亚曾队，旋悉赵氏在云南北部闻心场遇匪受害消息，因赵氏系青年地质学家中之最优秀者，先生颇受打击，但仍继续在贵作工作，并在广西边境详测古生代层位，于十九年夏遄返北平。此役为先生最大地质旅行，于泥盆纪石炭纪及二叠纪，有精细透辟的研究，其对矿产及地理上，亦有甚大贡献。

先生一生零星的地质研究亦甚多，其中较著者有太行山的调查，如井陉娘子关平定一带煤田及磁县六河沟煤田，北平西山调查，《西山地质志》即由先生指导出版，南京山地及苏、皖、浙三省界的调查，写成《扬子江芜湖以下地质》一书，山西三门系的研究，为先生重要发现之一，详测山东南部峄县煤田，并为中兴煤矿筹划钻探工作。当调查所于察南宣化龙关一带发见绝好铁廿处，组织龙烟铁矿公司，开发该矿，并在北平西郊石景山设置炼厂，先生为公司董事之一，对该矿的品质及附近地质、颇多贡献，并于河北昌平觅得锰矿，以为炼铁之用。其余如大同煤矿、北票煤田、鹤立岗煤田、萍乡煤田，皆曾作考查，而一九三六年先生逝世长沙时，亦系受任交通部测勘粤汉线湘潭煤矿之工作，而惨受煤毒，不治而逝，时年四十有九。先生毕生殚尽精力于地质学，亦死于是，言念及此，不胜唏嘘。

综观先生生平除在地质学上之贡献外，于政治亦有精辟之言论，于社会于教育虽非直接亲予过问，但亦每多间接的协助与倡导。我国当代军事政治以及教育界之领袖人物亦常请教于先生之前，每以得先生之一言为快，亦常以先生之言以为圭臬，先生为学之态度贵博大精深，好学不倦，先生读书而不读死书，读书而不尽信书，发掘真理，终生不懈，也可说是知而能行——知行合一的人。世间只说不做的人太多，而在君先生不但说而且切身去做，还要别人也去做。因之为中国学术界树立一个良好的风气，也为学人树立百世的楷模。

附先生之有关地质著作如后：

1.《正太铁路附近地质矿务报告书》，《农商公报》民国三年出版。

2. *Tungchwanfu, Yunnan Copper Mines; Far Eastern Review*, No. 6, 1915.

3. *The Coal Resources of China; Far Eastern Review*, No. 1, 1916.

4. *China's Mineral Resources;Far Eastern Rev.* 80−83, 1919.

5.（张景澄合作）《直隶山西间蔚县广灵阳原煤田报告》，《地质调查所汇报》第一号，1919。

6. *Report on the Geology of the Yangtze Valley Below Wuhu: Whangpoo Conserancy Board;Shanghai Harbour Investigation*, Series 7. Rept. Vol.1, 1−84 1919.

7.《扬子江下游最近之变迁——三江问题》，《国立北京大学地质研究会年刊》第一期，1921。

8.（翁文灏合作）《第一次中国矿业纪要》（民元至五年）1921.

9. *The Tectonic Geology of Eastern Yunnan: Congress*

Geol. Intern, 13th Session. Belgique. Comptes Rendus Facs. 2, 1155-1160, 1922.

10.《北京昌平县西湖村锰矿》,《地质汇报》第四号, 1922。

11. *Note on the Gigantopteris Coal Series of Yunnan in A. W. Gratan's Stratigraphy of China,* pt. 1, pp. 390-391, 1923.

12. *Geological Section on J.G. Andersson's. The Cenozoic of North China, Mem. East. Surv. China,* Ser. A. No.3, 1923.

13. *The Training of a Geologist for Working in China (Presidential Address) Bull. Geol. Soc. China.* Vol.3, No.1, 9-11, 1924.

14. (And Wong, W. H.) *On the Nephelite Syenite of Maokou in Huili District, Szechuan(abst.) Bull. Geol. Soc. China,* Vol.4, No.1, 9-11, 1925.

15. (And Wong, W. H.) *Ten Years Work of the National Geological Survey of China,* 4 pp. 1925.

16.《中国官办矿业史略》, 1928。

17.《外资矿业史资料》, 1929。

18. *The Orogenic Movements in China, Bull. Geol. Soc. China,* Vol.8, No.2, 151-170, 1929.

19. *On the Stratigraphy of the Fengninian System, Bull. Geol. Soc. China,* Vol.10, 30-48, 1931.

20.《中国地质学者之责任》,《国立北京大学地质学会会刊》第五期, 1931。

21.(曾世英同著)《川广铁道路线初勘报告》,《地质专报》乙种第四号, 1931。

22. *Biographical Note, Bull. Geol. Soc. China, Vol.10. Grabau Anniversary Volume,* 1931.

23. *A Statistical Study of the Difference Between the Width-height Ratio of Spirifer Tingi and that of Spirifer Hsiehi, Bull. Geol. Soc. China,* Vol.11, No.4, 465—480, 1932.

24. (And Grabau, A. W.) *The Permian of China and Its Bearing on Permian Classification. Report 16. Inter. Geol. Cong.* Washington, 1933. Reprint 1934. 1—14.

25. (And Wong, W. H.) *The Carboniferous of China and Its Bearing on the Classification of the Mississipppian and Pennsylranian. Report 16, Inter. Geol. Cong.* Washington, 1933. Reprint. 1934, 17pp.

26. *Notes on Its Records of Droughts and Floods in Shensi and the Supposed Diciccation of N. W, China. Geografiska Annaler, 1935, Sven Hedin,* 1935.

27. (And Y. L, Wang) *Cambrian & Silurian Formations of Malung and Chütsing Districts, Yunnan: Bull. Geol. Soc.* Vol.16, 1−28, 1936−37.

我和在君

董显光

在君辞世，已经二十周年了。老朋友们发起出一本纪念册，适之兄知道我和在君相交极深，又同在天津很久，因此要我写一篇短文，我也愿意应允，藉此可以补充一点传记资料。

民国十一年十二年间，我在华北水利委员会服务，并兼任《密勒氏评论西报》驻华北副主笔；在君则在北票煤矿公司当总工程师。因此我们都同在天津。当时我家居北京，在天津前意租界三马路十三号租了一个通楼作为寓所。在君和我一样，他的家也在北京，我便邀他和我同住在一起。

这通楼面不大，由中间隔为两间。我住后间，他住前间。华北水利委员会有一个工友，名叫延升，由他替我们准备早点和晚餐。我们吃得非常简单，只是一菜一饭。在君爱吃黄豆烧肉，这个菜，在我们同住在一起的一年中，几乎成了我们每天所必有而仅有的菜肴。

当时，我每周须替《密勒氏评论报》写两万多字，因此很忙。每天自水利委员会回到寓所，便埋头对着打字机做我的文章，直到深夜为止，其间除吃饭的时间外，极少有机会和在君交谈。

在君也和我一样，不爱看电影，也不爱交际。煤矿公司的事务办完，便回到寓所来，忙着翻阅各种中外典籍。他中文、英文和德文的造诣都极深，而治学的范围又极广，因之，天文地理，无不通晓。

在这一年同处的期间中，我们各忙各的工作，就在这种各自的忙碌生活中，彼此间获得了极深的默契。偶然我们抽空谈话时，他便把他的读书心得如《山海经》般地讲给我听，益加使我对他的博学增加钦佩。

他对政治的兴趣也很浓厚。我记得那时他正在从事一本关于过去五百年中国宰相的籍贯考据的著作。他所获得的结论是中国宰相出生于南方的占最多数，而其中尤其以籍隶江苏省北部的为多。

当时我认为他既是一个地质学者，何必以有用的时间来做这种无关紧要的研究，因此有一天我便劝他不如利用空余时间去找金矿银矿。但他却对我说：世界上最重要的是人事，而不是物质，如果我找到金矿银矿，而不了解人事问题，那金银仍将被偷盗以去，弄得更糟。

三十多年后回想起来，他这本著作是在研究地理与人事的关系，确是有他的价值的。可惜这三十多年中，先是中日战争，接着是国共战争，战火赓续不断，不知道他这本宝贵著作是不是还安放在他太太的藏书楼中。

我是热衷于新闻事业的人。在我和在君同处的一段时期内，我曾向他说我想办一个中文报。他很鼓励我办。但后来因故这计划却未见实行。过了些时，我们都已各自将家眷从北京迁居天津，他看见我时，仍然不断地督促我办中文报，有一次竟至说：如再不办，我实是一个没出息的人了。在他的激励之下，我便把我多年来的积蓄几千块银元拿出来买了旧的印刷机和铅字，办了一张《庸报》。于是我便常常请他替《庸报》撰写政论。

《庸报》正办得稍有头绪时，在君受孙传芳之聘，去上海当了淞沪总办。他要我去做上海交涉使。我告诉他：《庸报》虽已办得稍有头绪，但一旦离开，事功便将中途而废，因此不拟做官。但在君仍坚邀我到上海从长商量，于是我便应邀到了上海。

那时在君住在上海一家西人办的旅馆里，他乘汽车到火车站来接我同往那家旅馆；不料中途司机驾车走错了路线，以致违反交通规则。在君虽属牛津出身，英语流利，更是当时的淞沪总办，但巡捕不问表里，竟将车带人一并逮进了巡捕房问话。后来幸遇见一英籍警长认识在君，才聊表歉意后了事。

到了旅馆，我心里仍是暗自好笑，淞沪总办见了印度阿三，竟毫无办法。但从他的谈话里，我才知道在君当时的念头在急求中国的统一，他对孙传芳寄望很高，认为孙可以用兵力统一中国，因此他受聘于孙。当然，中国统一了，中国官吏的地位便自然增高，自也不会再有受辱于印度阿三的事发生。因此，在君认为对这种小事应该容忍。

我和在君谈了三天，他了解我必须继续办报而不能做上海交涉使的原因，于是他同意我重回天津。但在君对于上海交涉事务，仍随时和我商量接洽，因此，我知道得很清楚。

当时在上海除中国地方当局外，还有公共租界和法租界当局。在君受聘为淞沪总办，他的使命在以中国地方当局站在主人的立场上与外国租界联络打成一片。在一个短时期内，在君的工作颇有成绩。因此孙传芳在他督办淞沪市政以外，更将一切重要的政治及涉外事项都就商于他。在无形中，在君已做了孙的外交部长和政治顾问。

正当在君的市政办得日益进步时，北伐的国民军却已日渐逼进淞沪。前面说过，在君受聘于孙，原在期求中国的统一。后来他既发觉孙传芳也不过只是一个以割据为满足的军阀，无意统一中国，再加国民军统一全国之势已成，他为使中国人民免受涂炭起见，便决定转对国民军的北伐作重要的幕后贡献了。这一段秘史，由于有关的当事人都已相继辞世，我必须在这里把它写出来。

当年蒋总司令所统率的国民军与吴佩孚军在汀泗桥的大战，实是决定控制扬子江流域的重要战争。吴见两军苦战相持不下时，便要求孙传芳派几师生力军参加助战。这时，情势紧急，孙的态度足以影响大局。于是蒋总司令便叫他的部下蒋百里透过他和在君的私人友谊关系说动孙传芳，结果未曾派兵助战，终使国民军在汀泗桥一役获得大胜。

国民军克服了汀泗桥后，便自然地和孙军对起阵来了。当时孙军缺乏军饷财力，孙叫在君和英国政府商量一千万英镑的借款，但在君眼见国民军统一全国之势已成，不愿人民多遭涂炭，因此却未如命积极进行。于是国民军便得迅速地打败孙军，终而获得了全国统一。

在君头脑冷静，博学多才，深通世界各国情形，这是大家都知道的，毋庸我再赘述。在结束这篇短文时，我只觉得在君不幸由于煤气中毒辞世太早，否则以他的才识，该可以替国家好好地做一番事。这实在是国家的一个重大损失。

我所记得的丁在君

蒋廷黻

我初次与在君见面好像是民国十四年的冬天，地点是天津的一个饭馆。那天请客的主人是南开大学矿科创办人李组绅，或是矿科主任薛桂轮。在君是主客，陪客者尽是南开的教授。见面的印象，照我现今所记得的，第一是他的胡子，第二是他的配有貂皮领子的皮大衣，第三是他那尖视的眼光。朋友们普通见面时那套客气话，他说的很少。

入席以后，在君第一件事是用绍酒洗杯筷。他不喝酒，更不闹酒，好像他不喜欢同席的人闹酒。他吃的不过多，也不过少。他的吃法不是一个讲究吃的吃法，是个讲究卫生和营养的人的吃法。对主人点的菜，他没有称赞过一门，也没有批评过一门。对饮食，他是不大在乎的。

我记下来在君这些生活小节，不是没有原故的。以后我和他往来多了发现他是我一生一世所遇见的最讲究科学的一个人。我所认识的人当中，有些人在他们的专门学问范围之内很遵守科学方法，保持科学态度，出了这个范围，他们与一般人的思想方法及生活方式并无差别。还有些人在学问上面是很科学的，在生活上面则随便了。在君不但在研究地质地理的时候务求合乎科学的方法，就是讨论政治经济的时候，或批评当代人物的时候，或是在起居饮食上，他也力求维持科学的态度。他不随便骂人，也不随便作主张。写政治文章的时候，他不放大炮。这不是说，他的意见都是对的，或都是我所赞成的。对所不知道的或未加研究的问题，他拒绝表示意见。他表示的意见是有根据的，而且是有分寸的。

在天津饭馆的席上，在君和主人谈了一阵有关煤矿的事情。我不感兴趣，没有仔细听，只记得他谈起天来，务求准确与具体。后来大家谈到内战，由内战谈到当时的军阀和军队。关于这些题目，在君的知识简直是骇人的。军阀个人的籍贯、年龄、出身、天资的高低、教育的程度、生活的习惯、彼此的关系、部队的数量、素质、配备等：在君几乎是无不知的。就是当时日本的专业军事密探都不能比在君知道的更多或更正确。

我在外国留学十年，与在君见面的时候，我回国还不满三年，对当时的军阀，我不但没有认识，普遍的认识或个人的认识；我根本讨厌他们，痛恨他们，觉得他们如不是强盗土匪出身的，也不过等于强盗土匪。照在君当时在席上的谈话，我完全错了。在君认为许多军人是爱国的，至少是想爱国的，有些实在是高度爱国的。在君并且强调的说过，许多军人具有绝好的天资，可惜他们没有受过近代式的教育。如果他们当初的教育是近代式的，他们可能对国家有很大的贡献。在他们知识及环境所许可的范围之内，他们也想救国，也想替社会造福。

在君这一段谈话是我研究中国实际政治的第一课。像学生问教师一样，我问了他：曹锟有什么长处，怎能作北洋军阀的巨头；在君叙述了曹锟的资历以后，讲了一个故事。他说曹锟在保定驻防的时候，有一次遇见一个小兵在那里放声大哭。原来这个兵接到家信，说他的父亲病重，恐怕不能医治。曹锟问了清楚以后，给了这个兵几十块钱教他回家尽儿子的孝道，以后再回营。这种小惠是曹锟作北洋巨头的技巧之一种。北洋军人多称赞曹锟的厚道。

九一八事变以后，因为《独立评论》的关系，我得了机会进一步的认识在君的思想和为人。我那时已经从天津南开移到北平清华教书，有几年还在北大兼课，所以与在君见面的机会也多了。

九一八事变发生以后，北平教育界的朋友们都受了很大的刺激，都感觉到除了教书和研究以外，应该替国家多作点事。有一天在任叔永家里吃饭。在座的有丁在君、胡适之、傅孟真、陈衡哲女士（即任叔永夫人）、陶孟和、吴宪、竹垚生、周枚生，主人和我。我提议办一个刊物。适之大不以为然，觉得我的提议完全由我没有办过杂志，不知其中的困难。孟和也是这样的腔调。陈衡哲最热心。在君和孟真没有表示。过了相当时期，我又旧话重提。出了意料之外，在君赞成，不过他主张先由筹款下手。他建议凡愿意参加的捐月薪百分之五。等到基金到了千元左右，刊物才出版。在君说，先筹款有两层好处，一则可以测量大家热心的程度，二则可以免出版以后又因经费的困难而焦急。当时我不知道，以后我听见这个先筹款的办法是《努力周刊》采用过的。

《独立评论》是九一八事变的产物。登载的文章也以讨论东北问题及其相连的和与战问题的为最多。在君对东北的政治经济军事及外交曾有极深刻的认识。他在东北旅行过无数次，他认识东北的主要人物，他深知日本和俄国对东北的野心和阴谋。我因为研究中国外交史的原故也已多年注意东北。大体说来，中国的外交，在道光、咸丰、同治及光绪的前半期，集中在开通商口岸、治外法权、协定关税及租界等问题，就是国民革命时代所标榜的不平等条约。从光绪后半期起，我们的外交中心逐渐移到东北，即西人所称的满洲问题。在北伐时期，我感觉东北问题的困难远在不平等条约问题之上，所以甚盼政府当局不要在取消不平等条约及完成革命和统一的过程之中，有意的或无意的加添我们在东北的困难。民国十七年，我同好几位南开同事到东北去考察了一个夏季。东北的新建设，北到齐齐哈尔，东到敦化，我去看过，并研究过这些建设所引起的对日外交问题。我的感想之一是：在东北要人之中惟独杨宇霆有整个计划。

现在我身边没有一册《独立评论》。不但在君的文章我记不清楚，连我自己的文章，也不敢说记得清楚。大体说来，当时评论社的朋友们没有一个是极端主张战的。大家都主和，不过在程度上及条件上有不同而已。主和最澈底的莫过于在君，其次要算适之和我，孟真好像稍微激昂一点。在君最露骨的一篇文章是以"我们需要一个普拉斯特立托维斯克条约"为主旨。苏联革命之初，列宁不顾同党者的反对，也不顾德国所提条件的苛刻，毅然决然与德国签订《普拉斯特立托维斯克条约》，为的是要完成革命。在君在这篇文章里劝中国采取列宁的办法去对付日本。

这篇文章，在见解上及气魄上，都是极可敬佩的。在君自己当然知道他的意见是不会受人欢迎的。在近代史上，我们的士大夫没有一次不是主战的。道光二十年左右的禁烟，咸丰末年的英法联军，同末光初的中法越南之争，光绪八九年的伊犁问题，甲午之役：在这几个紧要关头上，士大夫没有一次不激昂慷慨的主张战争。主和者简直不敢公开发表他们的主张。在君这篇文章是少数例外之一。

这篇文章没有得着任何有力的响应。在君以后也没有向这方面努力。为什么呢？我们零星的谈过，但我不敢说我确知在君心里的打算。他没有坚持他的意见，大概不外两个原故：一是国内主战的空气日趋浓厚，一是日本军阀的横行和日本文治派的失败。在他死前的一二年，他有许多计划是以全面抗日为前题的。对于应战的预备，他很感兴趣。

我早主张国防部应该请文人作部长。有一天，我和在君谈这件事，并且告诉他应该作国防部部长。他没有说不愿意或不可以，因为在君最不喜欢说客气话。他倒说他最喜欢作军官学校的校长，这颇出于我的意料之外。他说中国的新教育，在文的方面和在武的方面，是同时开始的。在满清末年，政府对于军事教育的注意远在普通教育之上。在初期，文学堂和武学堂都是请外国人，多半是日本人，作教员的。那时上课的时候，教员带翻译上班，一个钟头只能授半个钟头的课。文学堂早就超过这阶段，军官学校至今没有超过。据在君看起来，单就这一点，我们就可以看出来武教育之缺乏进步。在君切盼中国军人的军事教育能火速赶上世界水准。这是他想作军官学校校长的理由。

在君不但感觉我们军事落伍的危险和痛苦，他也深知我们在政治经济文化各方面落伍的悲惨。他是兼通中西学问的。他了解一切问题的复杂和连环。谈政治的时候，他最喜欢说的一句笑话是：中国的问题要想解决非得书生与流氓配合起来不可。他是想提高国家水准的一个有力份子，其成败及理由还得留待将来的历史家来研究。

表面的在君好像是冷的，实际的在君是很热心的；对国事热心，对朋友也热心。我于民国二十四年冬天参加政府工作以后，常遇着地方及中央高级人员这样的对我说："你就是蒋廷黻，在君说过，我一定要和你多谈一谈。"他在背后不知道说了我多少好话，替我作过多少宣传，但他自己从来没有对我提过一句。

一九五六年三月写于纽约

关于丁文江先生的《爨文丛刻》甲编

董作宾

半年以来，应香港大学之聘，整理我的古史年历学，在工作烦忙中接到了本院院刊编辑委员会征稿的函件，说：

今年一月五日，为本院丁故总干事文江先生逝世二十周年。丁先生一生从事学术研究，不仅对地质学有其特殊贡献，即对一般科学，亦热忱提倡，不遗余力。本院拟为征求学术论文，编印专刊，以资纪念。

提起丁先生来，他是我生平极端敬重的标准学者。我认识他，就在他担任本院总干事的时候。他那种庄严而又恳挚的待人态度，是没有人不佩服的。当然我非写一点文字纪念他不可，可是我写什么题目呢？

丁先生给我印象最深的就在民国二十四年，那时为了一件不愉快的事，我在北平，他在南京，他曾一再写长信去劝我，他以摆着一副老大哥的面孔，写了许多诚诚恳恳的话语，举出许多他自己的经验，谆谆教导我，使我看了非常感动，于是放弃自己的偏见，服从在他的指示之下。就在这一年，他本史语所出版的专刊之十一，《爨文丛刻》甲编印成了。因此我也联想到他这一部书，现在就以此书为题罢。

《爨文丛刻》这本书，我自己有一本，早就丢了。可是在香港居然可以买得到，并且各书店还存有许多。因此使我记起了抗战时期的一件事情。是民国廿六年的下半年罢？史语所一迁长沙，再迁桂林，三迁昆明，就在这时候，傅孟真所长把存在南京的出版品，全部装箱，派员押运到香港，交与商务印书馆，存在九龙仓库中。直到三十五年，史语所复员回京，我听说存在九龙的出版品，在日本侵占港、九时，全部被烧毁了。这次来到香港，有些朋友告诉我，在四五年前，史语所出版的《安阳发掘报告》、《城子崖》、《庆祝蔡元培先生六十五岁论文集》、《爨文丛刻》之类，充斥于旧书肆，后来被书估们，大量收买，抬价居奇。现在买的一本《爨文丛刻》，就花了港币五十元。可是十余年来，事过境迁，史语所出版品的一笔糊涂帐，早已无法清算了。

《丛刻》出版于民国二十五年一月，正是史语所的极盛时代，名曰"甲编"，至少还有续出"乙编"和"丙编"的希望，可是出版之日，不幸也就是编者丁文江先生逝世之时。这本书的版面高37.5公分，宽26公分，厚2.8公分，据丁先生《序文》说，是为的"要保存倮文的真相，只好用罗文笔先生的墨迹石印，又因为《玄通大书》的原来尺寸很大，不能再十分缩小，所以其他各书不能不以它为准，每页分上下两页或三页，卷册未免太大一点"。这都是实在情形。我们就不能因版面太大，以为是丁先生故意摆架子了。全书的目次，分十一项，列举如下：

1.千岁衢碑记

2.说文（宇宙源流）

3.帝王世纪（人类历史）

4.献洒经

5.解冤经上卷

6.解冤经下卷

7.天路指明

8.权神经

9.夷人做道场用经

10.玄通大书

11.武定罗婺夷占吉凶书

现在介绍本书的内容，分以下五节论述之：

甲、千岁衢碑记

乙、翻译的倮文经典八篇

丙、未译的两篇经典

丁、爨人在中国民族中的地位

戊、与本书有关的研究论著

甲、千岁衢碑记

石刻汉文与倮文对照的《千岁衢碑记》，在贵州大定城南四十里。拓本是民国十九年冬季拓成的，现在印在书的前面。第一部分是全碑，第二部分是把拓本剪裁改为右行，共占六版。据丁先生在二十四年八月十六日的《序文》中所说，这块碑的拓本，曾拓了两次，第一次是找到一位书店的老板，他照印书的办法，印了一张是反文，不能用。第二次在贵阳找到拓工，因为天寒墨冻，几费周折，才拓成了，仍然不太清楚。廿年五月，丁先生又到贵阳，才得到了拓本。

观全碑，额上横列大字两行，左行，上为"福寿"二字，下为"新修千岁衢碑记"七字，皆楷书。中为碑文，下面有题名一段，字皆模糊。碑文如下：（下行自右而左）

新修千岁衢碑记

《千岁衢碑记》更□治下易棐撰文。□□治下□永书丹。

地名阿东钜，乃西域目民共由之路，曲折如羊肠，陡□如悬梯，虽剑阁栈道，险不如此，行者甚苦。我葵轩公祖，见而悯之，遂出己财三百余两，雇募石匠阿□率领□匠，协力凿取人石，塪路修整，高处挖平，低处垫砌，共六百二十丈有奇。工起嘉靖乙巳岁七月壬午，告成于次年四月己丑。坦若大道，顾今日往来之便，免此日扳援之劳，相对仰天，惟祈公寿，但云"千岁，千岁！"因改其名为千岁衢。公之可纪者，不止于此。敬贤乐善，无物玩犬（马）之好；节用爱民，无管弦歌舞之豫。克家干蛊，百废具兴，有光前裕后之谋。忠孝仁让，□□奇功，咸闻于朝廷，显著于制诰。至若青年致政，恬退林泉，亦人之所罕能也。观此修路。莫曰微事，亦抑善心之所发也。为善获庆不在厥躬，必在其子孙矣。公□□铨，字天宠，别号葵轩，任贵州宣慰使司宣慰使，诰封昭勇将军。嘉靖丙午四月吉旦谨记。

碑之左方约占三分之一宽之处，有倮文对照，凡六行，上下均超出于汉文，未重录，字皆不甚清晰，从略。观碑文，在西南边地，能如此写作，已大不易，而序述捐资修路的“葵轩”先生，始终未标其姓氏，可能就是水西的安氏。书丹之某君，书写也有夺讹，如“犬马之好”夺马字，“坦若大道”，误坦为垣。据碑文所载，可知此衢乃是大定交通西方的一段道路，原名阿东钜，由葵轩捐银三百余两，自明嘉靖二十四年乙巳，七月辛酉朔，二十二日壬午，工程开始，至明年四月己丑，（即嘉靖二十五年丙午，四月丁亥朔，初三日己丑）完成工作，前后经过了二百四十八天，全路共长六百二十余丈。修成之后，改名“千岁”，为葵轩祝福寿。碑之立，在工竣未久，但书“四月吉旦”，不著其日。

乙、翻译的倮文经典八篇

本书中翻译经典的工作，大部分均是罗文笔氏担任的。丁先生在《序文》里说得很详细：

> 民国十九年冬天，我从四川到了贵州的大定。……于
> 是我才再着手研究倮倮，一面测量他们的体格，一面搜集他
> 们的书籍。……其后有人介绍一位罗文笔先生，他已经七十
> 岁，少时曾应过县考。他自己说原来是白夷家（白倮倮），本
> 不懂倮倮文，五十岁以后，信了耶稣教，想用倮倮文翻译《圣
> 经》，才发愤学起来。他带了一本《帝王世纪》来给我看，我
> 请他逐字讲解，才知道大部分是水西安家的历史。大定原是
> 水西土司的地方。所谓水西是指乌江之西，是明朝最有权力
> 的土司，最后为吴三桂所灭。书是从开天辟地讲起，到吴三
> 桂攻灭水西为止。

丁先生规定了翻译的办法：

> 罗文笔先生懂得注音字母，我于是给他约定，请他把所
> 藏的七部书，全数翻译出来。翻译的方法，是先抄倮倮文为
> 第一行，再用注音字母译音为第二行，然后用汉文逐字对照
> 为第三行，最后一行乃用汉文意译。他照我的方法，费了三年
> 的功夫，才把七部书译完，陆续邮寄给我。这就是本书里面
> 的《说文》（2）（又名《宇宙源流》），《帝王世纪》（3）（又
> 名《人类历史》），《献酒经》（4），《解冤经》上卷（5），
> 《解冤经》下卷（6），《天路指明》（7）和《权神经》（8）七
> 种。

丁先生序文中所记是十九年冬找到罗文笔先生，罗氏译文，

当然要从这以后开始的，所谓"费了三年功夫"，当然指的是二十，二十一，二十二三年了。其实丁先生《序文》写于二十四年八月十六日，距离初见罗文笔，经过了六七年，他已记不清楚了。并且罗氏译文寄到之后，丁先生不但未看全文，并罗氏的《序例》文字也未曾翻过。这可以在本书中看得出来。按照罗文笔的记录，第一部《权神经》，是十九年三月初九译成的，第二部《帝王世纪》，是十九年七月一日译成的，第三部《献酒经》，十九年八月十四日译成的，第四部《天路指明》，是十九年十月廿三日译成的。民国十九年从三月到十月，他已译成了四种经典，罗氏均有详细年月日的记录。又在《权神经》的前面，罗氏有一篇《序引》，其中记与丁先生晤面事云：

> 于去岁（按指十八年）阴历冬月十五夜，民在定邑旅馆开夜课讲福音，祷告方毕，适逢地质调查部队长丁君大委员文江大人，鸿恩广大，爱及苍生，不存鄙夷之念，特命使者召民至贵寓，试问夷族还有何种书籍？民告之曰，现存者无几矣。因民家藏古本，只有六种，分为七册。……现译成者，是此本《权神经》也。民国十九年，译于三月初九日，夷民罗文笔著。

因此可知丁先生记他到大定是十九年冬，但罗氏在十九年三月就译成了《权神经》，在《序文》说"去岁冬月十五夜"会到丁先生的。可知丁先生写《序文》时，记错了一年。罗文笔是贵州大定北乡东瓜村的人，七册经典，他前后译了三年半，也不是"三年"。罗氏以七旬高年，每逢译完了一部，必在前后记上年月日及全篇字数，可见他很细心。他译的次序是如此的：

《权神经》　民国十九年三月初九日译成，未注字数。

《帝王世纪》　民国十九年七月一日译成，共一万五千二百八十四字。

《献酒经》　民国十九年八月十四日译成，共一万二千六百四十二字。

《天路指明》　民国十九年十月二十三日译成，共一万三千五百零八字。（以上四册皆是十九年所译）

《解冤经》上卷　民国二十年六月四日译成，共一万二千三百三十二字。书后有译者序云"此书延久之故，明列在下，因去岁隆冬严寒，不能在门外译书，因余之躯体稍有采薪，难忍风寒，目力昏花，非晴天不能动笔。时值春日融和，晴明清空，方能举笔。又因教务之事，或时奔走路程，或时对人谈道，或时写歌送人。因一人摄肩两任，方才延至于今，望乞宽恕。现开手又译下卷了。"可知罗氏译书，是在教务繁忙中，加工进行的。

《解冤经》下卷　民国二十一年七月六日译成，第一行音有注云"民国二十一年四月二十五日动笔"。共一万五千三百九十四字。

《说文》　民国二十二年五月二十四日译成，共一万零五百六十五字。

丁先生编排的次序，和罗文笔译的次序不同。丁目的二至八，皆是大定罗文笔氏所译的。还有第九种：

《夷人做道场用经》。此经仅占纸一张，印一版又半。

上一行为倮文，下一行为汉文意译。

据丁先生《序文》云："《夷人做道场用经》，是谭锡畴先生从川西带回来，谨文及标题，都是原来有的。"这一篇文字很简单，大意是说开坛请四方的大小菩萨，到道场上来吃各种祭品，祭品有牛、绵羊、角角羊、猪、鸡等物。又请大小菩萨同和尚都立起来，驱逐狗鬼，把各处的鬼一律驱逐出去，然后和尚休息。

丙、未翻译的两篇经典

本书有未经翻译的倮文经典两种，即第十、《玄通大书》，第十一、《武定罗婺夷占吉凶书》。丁先生的《序文》里说，在贵州大定"第一部搜集到的是《玄通大书》，是内地会教士斯密特小姐替我用八元钱买来的，内地会里有一位倮倮'师傅'能读经典，可惜他不通汉文，不能翻译。"又说"《玄通大书》的译名，也是罗文笔先生定的，但是他说没有经过师傅，不能翻译全书。因为要保存倮文真相，只好用罗文笔先生的墨迹石印。"

《玄通大书》　影印原书，共占115版，无译文。由全书看来是很有趣味的，文字类似汉文的行书，且附有许多图表，这的确是边疆文化在民俗学上最可珍贵的资料，所惜的是一点也不能了解。原文间有界划，文例是下行而右的。

《武定罗婺夷占吉凶书》，也见于丁先生《序文》，他说："我第一次看见保保文，是在民国三年，那时我从云南到四川，经过武定县的环州，李士舍的夫人送了我一本《占吉凶书》，书是先用朱墨写在草纸上的，以后朱字又盖上一层黑墨。我屡次请教保保的'师傅'他们说是占吉凶用的，但是他们只会读，不会讲。到丁先生在民国廿四年编入《爨文丛刻》的时候，仍然没有找到翻译的人。"

《武定罗婺夷占吉凶书》　影印原书，共四版。每版分三栏，文字粗壮，文例亦下行而右。无汉译。

丁、爨人在中国边疆民族中的地位

在丁先生的书发表了十八年以后，本院的凌纯声先生，把"中国边疆民族"，（刊入《边疆文化论集》第一篇，民国四十二年十二月出版）作了一次总括的叙述，把"爨人"列入了中国民族的汉藏系藏缅群中的"罗缅群"（罗就是罗罗，丁先生书中作猓猓，今作保保），凌先生说明"罗缅群"云：

此群分为罗、缅二组。罗罗在东，缅族在西。罗组又可称为"羌罗么组"。所包括的部族，在西康的东南，贵州的西北,云南的东部,有罗罗;在云南的西北、西康的西南,有么些;又在四川西北有羌人;在云南的南部有窝泥;西部有栗粟;西南有阿卡与倮黑。(缅组从略)

这已经比十八年以前,在民族学上的研究,精密得多了。

凌先生全部中国民族的分类,附在下面:

中国民族(五系,十一族)

1.汉藏系　A汉掸族　汉人群、掸泰群。

B苗傜族　苗人群、傜畲群。

C藏缅族　罗缅群、藏番群。

2.金山系　A蒙古族　喀尔喀、察哈尔等、额鲁特、布里雅特。

B突厥族　萨尔特、朵兰、布鲁特、哈萨克、乌梁海、西喇古尔、萨拉尔。

C通古斯族　满洲、赫哲、奇楞、索伦、锡伯、鄂伦春、毕喇尔。

3.南岛系　A高山族　台湾高山群:泰雅、赛夏、布农、朱欧、排湾、鲁凯、卑南、阿美、亚美。

B黎族　本地黎族、美孚黎族、岐族、侾族。

C洞僚族　仡佬族、土僚、民家族。

4.南亚系　A瓶崩龙族　蒲蛮、崩龙、卡瓦、卡拉。

5.伊兰系　B塔吉克族　塔回。

凌先生此种分类的标准，是以语言与文化并重的。1系C族"罗缅群"中的"罗罗"，即本书的"夷人"。

戊、与本书有关的研究论著

我在北京大学读书时，参加过民俗学会的调查工作，也编过《歌谣周刊》，加入过方言调查会，所以在民国十三年我编过一本《看见她》歌谣集（北京大学《歌谣小丛书》之一），十四年我在福建协和大学教书，写过一本《歌谣通论》。民族学方面，我写过一篇《福建畲民考略》（登在中山大学《语言历史学研究所周刊》），一篇《说畲》（登在北京大学《国学门周刊》）。丁先生《夷文丛刻》出版之后，我根据《帝王世纪》篇中父子联名制，参考么些文字典，写了一篇：

《夷人谱系新证》，二十九年登在《民族学集刊》第二期。

因为丁先生在《序文》中提到东汉时代的白狼王歌诗，于是参考了闻在宥氏发表在《图书季刊》三卷四期上的：

《读夷文丛刻》。

其中有论列白狼义的问题，于是我就又写了一篇：

《汉白狼王歌诗校考》，登在民国二十六年六月出版的《边疆半月刊》。

可以说这都是受了丁先生本书启示而作的东西。近十余年，为了从事古史年历学和甲骨学的研究工作，就不再作民族学方面研究了。

　　本院的历史语言研究所，民国十七年成立，即设有第二组，专门从事语言学之研究，继之，又设第四组，研究民族学。所以在语言学民族学两方面，贡献颇多。研究论文、调查报告，见于《集刊》及《专刊》中的共有廿四种，后来关于倮倮文专门之研究，则有马学良《倮文作斋经译注》刊入《集刊》十四本，是民国三十七年出版的。

　　一九五六年四月卅日写讫于香港大学东方文化研究院

现代学人丁在君先生的一角

罗家伦

　　一位学人对于他所学的科学,像丁在君(文江)先生这样的尽忠,真是很少;而且对于朋友能实践其在学术上帮忙的诺言,像他所采取的这般作风,更是少见。

　　我和在君以前并不相识。民国十一二年间国内发生科学与玄学的论战,我在美国才看到好几篇他的文章。虽然他的论点大体是根据德国的马赫(Ernest Mach)和英国的皮尔生(Karl Pearson)的学说,可是他思想的清晰,笔锋的犀利,字句的谨严,颇有所向无敌之概。后来我在英国的时候,正遇着上海发生五卅惨案。由于华工在日本内外纱厂被杀酿成风潮,而英国派大军在上海登陆,演变为更大规模的惨剧。当时我激于义愤,和英国国会里工党议员联络要他们纠正上海英国军警的暴行。他们在国会会场不断的提出严厉的质询。可是国内来的文电,都是充满了感情发泄的词句,而缺少对于事件真象平情的叙述和法理的判断,所以极少可用的材料。此时恰巧有一个三千多字的英文长电转到我手里。这电报是由胡适、罗文幹、丁文江和颜任光四位先生署名的，以很爽明锋利的英文，叙说该案的内容，暴露英方军警的罪行，如老吏断狱，不但深刻，而且说得令人心服。每字每句不是深懂英国人心理的作者，是一定写不出来的。于是我集款把它先印行了五千份，加一题目为"中国的理由"（"China's Case"）分送英国朝野。我由友人代约亲访工党后台最有实力的英国职工联合总会（Trade Union Congress）秘书长席屈林（Citrine）和他详谈，并将此电原件给他看，结果争取到他的同情。他并且要我添印若干份，由他分发给他工联中的小单位。因此工党议员加入为中国说话的更多，在英国国会里发生了更大的影响。事后我才知道，这篇文章是在君起草的，他真是懂得英国人心理的人。

我初回国时，旧同学卢晋侯在上海请我吃饭，我于席上初次和在君见面。那时候他是淞沪商埠的总办，督办是孙传芳。我是反孙传芳的人，所以不便多谈。民国十七年我到北平任国立清华大学校长。那时候在君一手经营的地质调查所，有半年以上不曾领到经费，所里为地质学工作的人员，几乎无以为生，所长翁文灏也不在例外。其中最困难的是一位著名的美国地质学权威葛利普（Grabau）教授。他本来是哥仑比亚地质系主任，负国际间重望，抱了移植地质学到中国来的热忱，来到北平教学和研究。他本职是北京大学教授，同时负指导研究的责任，而不兼薪。那时候北大也和地质调查所一样，薪水欠得一塌涂。他早把美国的生活水准，降得和中国教授一样，但是半年以上的欠薪，使他真活不下去了。我平素对于科学的地理学，颇为热心；初长清华时，即添办一个地理学系，聘翁文灏任该系主任。为了我素来尊重葛利普教授的学问和人格，于是致送月薪六百元的聘书请他在清华地理系担任教授。果然葛利普真值得我尊重，他答应到清华来教课，但是他拒绝接受六百元一月的专任教授全薪。他的理由是北京大学虽然若干个月不送薪水给他，他都不能因北大穷了，就丢了北大，而来清华做专任教授。经再三解说，他仅接受二百八十元一月的车马费。这种外国学者的高风亮节，及其所持道义的标准，不但值得我们佩服，而且应该为中国学术界所效法。以上这些措施，都出乎我的自动，因此在旁边看冷眼的在君，颇为欣赏。他继续看见我对于清华一联串大刀阔斧的改革，和对于学术事业的见解，在背后也常有好评。大概他最初以为我是一个具有暴徒性的革命人物，缺少英国式绅士的修养，估计很低，后来偶然发现我有比他所估计的较为不同一点的成份，所以又特别高估一点罢。果然我有一次使他几乎又回复对我的旧观念上去。我长清华半年之内，不曾和他会过面。有一天晚上我到北海静心斋历史语言研究所去看老友傅孟真，我一进他的卧室，看见他顿觉高兴，乃以手杖向他弥陀佛典型的肚子上扣了一杖，这是我们老同学相见常闹的玩意儿。想不到在君正在房里和孟真谈天，我不曾看见，于是在君大惊失色，瞪目而起，后经孟真解释，知道是我们少年时期的故态复萌，于是彼此大笑。这一件趣事，是孟真以后常对人讲的。略记于此，以纪念两位亡友。

当我做中央大学校长的时候，他正做中央研究院的总干事。有一天他特地来看我，他很郑重的和我说，他认为中国大学里至少应有三个很好的地质学系：一个在北方，一个在长江流域，一个在珠江流域，分别造就各地的地质人才，并且就地发展地质考察工作。他说："北方已有了北京大学的地质学系，而且成绩很好，不必担心了。广东的中山大学当时的主持者恐怕无此兴趣。现在你主持中央大学，我希望你能兼中央大学的地质系办成第一流的地质学系。我想你一定有这魄力能够做到的。"我当时明白的告诉他，我非常愿意。并且立刻对他说："若是你能到中央大学来做地质学系主任，我正是求之不得，现在可否请你答应下来。"他告诉我他接受蔡先生的聘书担任中央研究院的工作，不但不能辞，也不能兼；他情愿从旁帮忙。我于是说道："中国人开口就说从旁帮忙，实际上这四个字就是推托的话。试问你自己不参加，如何可以从旁帮忙？"他说："我答应你从旁帮忙，一定可以做到实际帮忙的地步，决不推诿。"我说："那也总得有个方式，才能使你与闻系务。"经讨论后，我聘他为中大地质学系名誉教授，出席系务会议，关于该系应兴应革的事宜，随时和我直接商量，因为当时中大地质系主任李学清是他的学生，所以我们考虑的结果，认为这样安排，也可以行得通。这个办法，他接受了。

我最初以为他在中央研究院是个统赞全局的忙人，恐怕不见得能分多少心力到中大地质学系上面来。想不到该系每次系务会议，他一定参加。而且凡是他有所见所闻足以改善地质学系的，无不随时告诉我。那时候国际联盟送给中央大学有三位客座教授，一位是瑞士人叫巴理加斯（Parijas）是地质学家，一位是德国人叫韦思曼（Wissmann）是地理学家，另一位是教英文学的。聘任期间均将届满，他不但劝我把前两位留下来，并且为我写信给他所认识的外国朋友，在国际联盟中任职的，请他们设法帮忙。这些通信都是他自动为我写了，事后才告诉我的。结果巴理加斯因为他本人的原因不曾留住，韦思曼则由中大自己出薪水留下来了。有一次我到中央研究院去看在君，想不到他打了赤脚正在为我写信给一位德国地质学教授斯提莱（Stille），问他是否有好的中国学生，经他指导研究而学有成就，可以回国教书的。在君对我说，斯提莱是德国构造地质学的权威，以严格著名的，在他手下训练出来的学生，水准一定不会差。所以他先写信去探询一下，如果有此项人才，他再告诉我。这件事很值得称许，因为这表示在君对于在国外留学的青年人才是何等的注意。他对于国际间地质科学这一门的人事情形很熟悉，对于其研究的动态当然也很明了。在君的这种举动，有过好几次，其目的总是要吸收新的血液，来加强这个学系。

更有一件事使我所忘记不了的，就是他对于原在该系一位教授的忠告。中大地质学系有一位郑原怀教授，曾在哈佛大学研究经济地质学，得有博士学位。自从南京改为首都以后，房地产的价格大涨，郑先生和他的太太对于房地产的经营发生兴趣，因此对于地质研究工作松懈下来了。在君为此亲自去看郑先生，开门见山地对他说："我知道你在哈佛学得很好，经济地质这学问，是中大也是中国所需要的。可是你为什么两年以来毫无研究的成绩表现出来？你知道一个学科学的人，若是不务本行分心在其他工作上，便很快的就会落伍。我为你，并且为中央大学地质学系，很诚恳的劝你不能再是如此。若是你不赶快改弦更张，我便要请罗校长下学年不再聘你。"他这番爽朗而诚恳的话，把郑先生感动了，欣然接受了他的忠告，教学从此认真，在下学年内便有二篇论文发表，而且是相当实在的；可惜一年多以后，他因为犯伤寒症逝世了。郑先生能受善言，勇于自反，使我佩服。他不幸早逝，也是学术界一个损失。至于像在君这种的作风，则绝对不是中国士大夫传统的乡愿习惯里可以产生的。这决不是霸道，因为王道也不该养成乡愿。这是西洋科学家按照原理原则来处事的方式。这种爽朗忠诚的格调，实在足以挽救中国政治社会乃至学术界的颓风，最应该为大家效法的。在君在这个角度上的表现，特别值得佩服，应当尽力提倡。

　　在君作古了!"我思古人，实获我心"!

对于丁文江所提倡的科学研究几段回忆

李 济

还是在美国当学生的时候，忽然看见纽约自然历史博物馆的《馆刊》有一期在"扉页"的地位，印了一位中国地质学家的半身照片；他的锐利的目光与侧出的两钩胡尖，均给了我鲜明的印象。那时在美国留学，要是真想学点"什么"的话，常常地不免有寂寞之感；寂寞的是，同道的人太少了；譬如在无数的科学杂志，所看的无数的科学新发明新发现及论文，与中国人有关的，差不多见不着。因此，有时在这些刊物内要碰着一个中国名字，那中心的喜悦，就有点像在科举时代，家里出了一位状元公似的。

我与丁在君先生的接触，在我这一方面，可以说是从那一次认识他的照片开始。民国十二年回国后，在天津教了两年书；那时他正在北票煤矿公司作总经理。有一天下午，带了一封介绍信，我跑到"义租界"北票煤矿公司总办公处去拜会他。一见面他就说："老兄回国了，好极了，你可以多作点研究工作。像我这个人，又要作生意，又要办行政，剩下的工夫太有限了；虽说想作点研究，也作不了多少。"他随即以对话的方式考了我一阵子，大概是想测验我的肚子里究竟有多少油水。一个初回国的留学生，好像初出笼的包子似的，总带了些热气。那时他的兴趣，有一部份集中在人类学，恰恰是我学的一套，所以虽是初见，两人很谈得来；一谈就谈了差不多两个钟头。我记得临别的时候，他把开始说的话，又重复了一遍。到现在回忆，这一次当面接触的印象，除了他的两钩胡尖，及一双锐利的目光外，最深的就是他的爽朗气象。他的谈话的恳切与热忱，使我感觉一种舒适；他的恢宏的见解，更提高了我对于中国学术的希望。他鼓励我作研究工作，是非常切实的。收藏家们大概还记得河南新郑县出过一大批铜器，就在这一时期；他知道了这个消息，就要我去新郑作点发掘工作，并筹了两百块钱作工作费，调派了地质调查所谭锡畴先生帮助我。后来因为土匪攻城的谣言以及当地人的不合作，这工作并没完成。唯一的收获就是在出土铜器的坑中找到几块人骨。

以后他又直接地或间接地帮助我进行了几件别的研究。十四年的春天前后，有两件事情发生，决定了我的三十年来的工作方向：一件事情是清华学校成立清华研究院，约我作讲师；另一件事是美国佛利尔艺术陈列馆约我加入他们派在北平的田野考古工作队。第二件事情的开始远在第一件事情以前。我虽说是在美国作过五年学生，但与外国人没共过事。所以当我收到这一美国学术机关驻华代表来信谈此一事时，我很踌躇了些时；最后，我就决定请教"丁大哥"去。我很清楚地就两点疑问向他请教：（一）是否应该放弃教书的职业去作专门的研究工作。（二）如何与外国人合作。他对这两个问题的答覆，都很直截了当。他说：教书固然是很好，研究更为重要。所以他主张我选研究工作；他并且举了几件很显豁的例，证明他如此看的理由。与外国人合作，他说：最好开始就把条件讲清楚；至于与他们如何相处，他的劝告是"直道而行"。他用了一个英文字"Straight"来说他的意思；他这一释法，我想是不错的。这一点，我三十年来每每回味，深感到的，是：在君给我的这一箴言，不但是他的经验之谈，并且确实证明，他已认清楚了东西文化及人生观的基本分别。中国古圣人提倡的礼教，原是想培植一般人内心的谦德，结果大部份人只注意了虚伪的外表；把"求真"、"求直"的本能，抑制到下意识里最下层去了。两千年来的礼教，到现在只养成了一种超等的阿世取容的技术；对于真理与直道，都当着精神上的玩弄品，没有任何严肃尊敬的气象，或者根本不承认它们对于人生的价值，儒家与道家，就这一面看是没有什么分别的。

我离开天津后，在君也随着从事政治工作，因此也没有常见面的机会，直到他从上海卸任，在大连住的时期，因为一家日本报馆在报纸上造谣，说他已在大连购了地皮，预备在那里建筑房子作公寓，我有点信不过，就写了一封信去问他。他很快的答覆了我的信，绝对的否认有此类计划。那时正是北伐时期，河南成了战场，平汉铁路截成数段；我住在北平，因为想到陕西去作点调查工作，必需从海路绕道上海到汉口再往西北，因此坐了一条日本船由天津南行往上海。船停大连时，就便看了在君一次。那时他的太太有病；济瀛（文治的太太）尚没结婚，与他们同住作伴。我进门时正看见她替姑父画地质图。与在君谈了数小时，我没有感觉到他作了一任大官的味道，也没有感觉到他有任何失意的气象。他仍是我在天津与他初见面的那个样子；想法子帮忙我完成旅行调查的计划；替我写了好些介绍信。

北伐将完成时，在君迁到北平去住家；十八年的春天，成立不久的历史语言研究所也由广州迁到北平。那时他与中央研究院没有什么正式关系，但他对于这一研究机关，却寄予极大的同情并予以极大的注意；虽说是他最感关切的工作属于在南京成立的地质研究所，但历史语言研究所近在北平，而主持史言所工作的傅孟真先生与他在北平一见如故（他与傅孟真缔交，是中国近代学术史上一段佳话），所以他能对史言所的工作计划帮助的机会迁多些。据我所经验的以及所知道的，他的影响，并不以工作的设计方面为限；连人事方面，孟真都常向他请教，并听他的劝告。史言所那时的工作，分为三组：我所负责的考古研究，在他的广泛兴趣中所占的地位也是很重要的；他是最先介绍我们到关外作田野工作的；梁思永十九年到齐齐哈尔与热河之行，就是他的建议；最初所筹备，本是一个比较持久的计划，但因为九一八事变随即发生，这一成绩甚好的开始，就没有继续下去。从我们所计划的考古立场上说，这是一件无法估计的损失。由于最近田野资料初步整理，东亚的细石器时代与新石器时代早期的文化，很可能地在蒙古及满洲一带有若干重要的中心。日本的鸟居与法国的桑志华以及德日进，美国的纳尔逊，瑞典的贝格满都在这一带作过工作，而思永在齐齐哈尔以及热河的成绩，与这些人相比，是有他特别的贡献的。在这一区域，我们若能继续下去，有好些悬而未决的中国古史问题，到现在也许不成问题了。

杨杏佛暴死时，教育文化界一班的反应都认为继杏佛中央研究院的职守的人以在君为最适宜。嫉妒他的人，讥笑他是"超科学家"；但是这些流言，对于他却没有丝毫的损害。支持他的，并不完全靠钦佩他的几位朋友；最实质的理由，是他留在社会的及教育文化界的若干成绩：地质调查所的工作，以及北京人的发现（他是新生代实验室的名誉监督），与张君劢玄学与科学的论战——都可使人相信，他不但是一位有成绩的科学家，并且是一位有理想的科学家；以他作中央研究院的领导设计人，岂不是一种最适宜的安排吗？在君在中央研究院的工作，已有朱骝先先生的记载。在这时间因为职务的关系，有几件事，我知道略为详细，想藉此作点补充说明。

在君死在中央研究院总干事这一职务上。当他最初接到研究院的聘请时，他非常的踌躇；据他自己对人说，最使他迟疑的，是他的身体；所以他就到协和医院作了一次澈底的检查。他有点迷信遗传学的若干假设；他常自己计算他的寿命，说他不会活过五十岁；因为他的父系血统的上三代人，都没有超过这一大限。结果，他的预言，是不幸而中了。

但他任中央研究院的职虽是短短的一个时期，他却为科学工作者作了几件示范的工作：大的如创置评议会，改组总办事处及若干研究所——是大家周知的事，没有在此处重提的必要。我想特别提出的是他坚守的几个作事的原则。

他是最相信分工合作这一原则的，他认为现代所谓"知识"，只有科学的知识，才算是"真知识"。而科学知识的取得：（一）必须有一群受过实际训练的人作基础工作，（二）必须有一个健全的组织，作一个神经中枢，负安排调度的责任。那时的中央研究院，对于他的寄望，虽不是条件全备，但至少也是具体而微了。他到了研究院后，初期努力的目标，为就原有的基础加强这两点。由一件事，我们可以看出他努力的方向所透出的精神：第一他是绝对地要避免浪费的；他常说中国是一个穷国家，无论根据什么理由，浪费金钱都是罪恶。他作总干事的最早的两件事，为将社会科学研究所与中基会所办的社会调查所合并，请社会调查所陶孟和到中央研究院来作所长。将科学社的生物研究所与研究院的自然历史博物馆合并，请生物研究所的秉农山来中央研究院作动物研究所所长。前一事他作成了，后一事他却失败了。不过两件事，都是根据他的避免浪费说发动的。此的理由详细说来是很动听的。他说，中国的科学人才不多，而金钱更少；我们现在化一个钱，就应该有一个化这一个钱的意义。现在中国的学术机关，往往以科学研究的名义买了很多仪器，却常常地没人用；等到上了锈，糟蹋了，也没人管，岂不是浪费？这毛病就是有责任的人不但对于金钱的价值没有真正的认识；对于人的价值也没有真正的认识。而这种损失，不特是金钱的、人才的浪费；更难估计的，为那追求的目标将愈离愈远。

不过他并没有悭吝的习惯，若是一个显然有价值的工作计划拿出来，得了他的同意，他可以全力以赴为此一目标筹款的。他为化学研究所筹款研究明矾，为工程研究所设置棉纺织染实验馆，为历史语言研究所发掘侯家庄，都是这一类的例。

关于侯家庄的发掘，丁在君的很大的贡献，外界知道的差不多没有。原来历史语言研究所虽设了一个考古组，但对于田野考古工作，是向来没有特别预算的，每年的经常费也只同别的工作单位一样。最初几年，田野考古工作经费，差不多全由中华教育文化基金董事会捐助；但每季不过三、五千元。还要再东拼西凑一下，史语所方能把田野工作的经费打发下了。到了第十一次安阳发掘的一年——那时正是梁思永在侯家庄工作——田野工作的经费到了必须增加的一次。思永作了一个预算，数目在二万元以上；比早期的要多加五倍至十倍。他说，不如此作，我们就等于毁了这一遗址；这责任可大了！据我的经验，思永说的句句是实话，而所要的钱又是从最经济处打算；但同时，我更知道，除非总干事特别注意，钱是无法出的。我把思永的预算送给总干事看（那时傅孟真所长不在南京），他不加任何条件，就答应了。到现在中央研究院最为国际所羡的一部份成绩，就是思永用这笔款得到的结果。

在君的决定，却是有他自己的根据的；他有丰富的田野工作经验，因此他知道得清楚田野工作的正当需要，他看见过考古组的成绩以及思永对于考古的贡献；他便知道思永的工作能力，所以他的这一决定，是一种科学的判断。以后得到的结果，可以说超过了他的期望。

但是这一笔款子是从哪里来的呢？这问题的答覆，牵涉到在君提倡科学研究工作的另一计划，而是没有完成就被日本侵犯所破坏的一件计划。

远在杨杏佛作总干事的时代，中央研究院就与英庚款会及教育部商量好了，中央博物院的筹备由中央研究院来担任；代表中央研究院作这件事的为历史语言研究所的所长傅孟真先生。他的名义是：中央博物院筹备处主任。但是研究院与博物院具体合作的计划是在君到职后方才完成。合作的要点为：（一）博物院不重复研究院的工作，研究院采集的科学标本

（如生物、地质、考古等）研究完成后均交保管及陈列。（二）研究院尚未成立的学科之研究工作，博物院可独自或与研究院合作进行之。（三）博物院对于研究院进行中之采集工作得派人参加并补助其经费。中央研究院在侯家庄第二、第三两次发掘的经费，大半出自中央博物院的补助费。那时在君是中央博物院的理事，我继傅孟真之后为中央博物院的筹备处主任，所以这问题就得了这一种满意的解决。

归纳前后十余年与他接触的经验，我觉得在君所提倡的科学研究有几点值得纪录下来：

（一）他最注意的第一件事是培植人才及选拔人才。他确具有量才使用的能力。他说：科学工作并不是天才人物的专利；大有大的工作，小有小的工作。但是作领导的人，就非头等人不可了。若是领导的人不适宜，这机关不但等于没有，并且是一种逆流的影响。他到中央研究院后，为了坚持这一见解，就获罪了不少的朋友；但是他的立场，却没人能反驳他。

（二）他认为一个机关的领导人，固然自己要作研究工作，尤其紧要的是延揽人才，并帮助下一代。他常责备物理研究所所长丁西林，不留心争取头等物理学家。因此他的这位本家就感觉不安而萌了求去之意。大家都同意在君对西林的责备是很公道的，但同情丁西林的，也大有人在；要是在英美的社会，了解在君这一见解的人，或者可以更多了吧！

（三）他是一位民族意识很敏锐的人；他要把中国研究

工作的水准提高了与世界最高的标准相较；他是绝对地不甘心于第二等品质的。他欣赏朋友的与青年的成绩同自己的一样。他怜惜人的愚蠢，好像是自己的过错；他也不护自己的短；他认为一个科学家有了错误，应该自己承认。对于中国科学家的真贡献，更是极力的宣扬。他的骄傲——假如可以用此一词的话——是骄傲自己的民族与自己的文化。他提倡科学，正是要补中国文化的缺点。他最厌恶的，是一种假科学名义，开空头支票的人们。

一九五六年七月卅一日于台北

（本书第一七一页至二三一页各文原载中央研究院院刊第三辑，
一九五六年十二月）

四、其他部分

悼丁在君先生

稚　言

丁在君先生五日在长沙患脑冲血逝世了！这是国家的损失，不仅是学术界少一导师！

记得民国十三年冬，母校因为校刊上一篇小文字，闹了罢教风潮。那时我正当学生会代表，主张学校不得开除作文章的学生，要求教员上课。后来校长宣布辞职，丁先生代表董事会来校解决风潮，召集同学在大礼堂训话。他向来以善于辞令著名，他滔滔不绝的说了两小时之久。我那时正是血气方刚的青年，忍不住起立发言。后来风潮解决，丁先生因为我说话是西南口音，他好像对于西南人特别注意，于是约我去谈话。我心目中的丁先生，以为他是一个政论家，从事政治活动的人物。及见面后，才觉出他是一位学者，而且对于青年人很热心，真是可佩。

他说："你是有胆有识的青年，希望你多读书，研究科学。你是西南人，西南蕴藏甚富，正等你们去开发。"后来又谈到由北京到西南去的路线，他拿出一份很精细的地图指给我看。民国十九年他从贵州调查地质回来，我特地去看他，谈到贵州情形，很有无限感慨。他劝我不要羡慕都市生活，应该回内地去。我在天津不觉鬼混多年，一无成就，现在想起来，真愧对丁先生了。

（原载《国闻周报》十三卷三期，民国二十五年一月十三日）

悼在君二哥

　　我们的二哥在君已经在一月五日下午五时四十分在湖南逝世了。我们全家属的悲伤哀悼是不能以笔墨来形容的。谁都知道他是有名的地质学者，但如果世界上有一个理想的尊长，仁慈的哥哥，值得敬仰的长者，那末我们敬愿推崇我们伟大的在君二哥了。

　　二哥有很多好朋友，正如他有很多兄弟，更有很多他爱护的青年学生。记得翁咏霓先生在杭州撞车受伤后，他正病卧在北平协和医院，接着电报时立刻着急得掉下泪来；不多天就不遵医嘱先期出院，赶到杭州去看视了。而胡适之先生在北平得盲肠炎时，也就是他再三催促胡先生延医检视才挽回了急性的险症。不意翁、胡二位先生都还健在，而二哥竟先期作古了！以近五旬的年龄，忠于工作，隆冬岁暮，不辞劳瘁地独自跑到湖南去看矿，谁知竟因这种难能的精神，为一点偶一不慎，以至不起。老天！老天！好人如何这般厄运！好人如何偏

悼在君二哥　　**237**

会遭殃!

二哥待朋友好,待兄弟更不能仅以"友爱"二字表白之。我们老太爷作古时,四五六七几位兄弟全在稚年,那时二哥也才出来做事。但他毫不迟疑地负起责任,一个个带在身边教养,他的护持是为父兼母的。兄弟们都怕他,但都爱他,从心底里敬仰他;因为他再严厉的时候,仍不免流露他那感人甚深的慈爱的天性。他可以因为你多化了钱而责备你们,可是立刻可以又回过来问还有什么用钱的地方没有?他希望个个学好,个个长进,个个有光明的前途。为着负担兄弟们的教育费,他自己刻苦,他兼职,他加倍写作,他不在乎一切辛苦的奔波。他没有儿女,然而他以所能对自己儿女的爱护,加在我们全家属上。对我们不肖的宽大的原恕,和宽大的荫蔽,是我们只能心领意会的。但是仅仅是短促的四十九年,兄弟们全不能给他一点安慰的时候,天意夺去了我们的明灯,使我们全家属抱憾终天! 残酷何如!

二哥不但对自己兄弟们如此,他对他的青年学生,更是和蔼仁慈。他相信中国青年有希望,有作为,他之处处提挈青年人上进的热诚,前年遇匪被害的赵亚曾就是最好的证明。他替赵亚曾捐集了款项教育遗孤赵松彦;到南京就职于中央研究院后,惟恐小孩子疏了管教,决定了非让松彦也转学到南京来不可。然而学校是投考了,却低了一年,他竟化了一黄昏将多念一年书,对青年有益无损的理由,反覆讲到深夜。他处处希望能启发我们，不但是要我们听话，更要我们澈底觉悟这么学好，这么求智，他对青年人殷切的期望是在他过去的行为和言论上处处可以看到的。

人人都知道在君先生是学者，但他在早年就做过官，到现在也许还有许多人对他这件行为怀疑，其实他那是真真的一种热心，希望以自己相当地位来将上海的国人地位提高。短短的数月政绩中，他不曾要一个不应要的钱，他曾不用一个任何私人，会审公堂是在那时收回，改为临时法院的；上海北四川路的整条越界筑路，在他那时期，已收回在中国警察厅管理下了；然而租界捕房，竟在国民革命军克复上海纷乱时期中，仍派巡捕去占据了岗位。

他除去学术上的成就外，更有独特的治事能力，可是他政治上的观念是无党也无派的；一生只努力怎样做人，爱人，更怎样爱国家。他绝无嗜好，从不轻易发脾气；他果然是绝顶聪明，更有一个完全科学化的头脑，绝对至诚于工作的精神；他日常的生活是很有规律的，自二十三年旅俄回国后，他决心戒掉了吸吕宋烟，十数年前的衣服，他可以很整洁地穿着自如；工作上任何辛苦，都能忍受。在短短的二十余年事业生活中，他旅行的地方儿遍全球，地质的研究工作几遍全国，而半数都是他徒步去考察得的。此次上湖南去看矿时，他夫人正卧病在家，但他也不顾，悄然地一早就跑了。谁知他竟永远地悄然去了！

悼在君二哥　　**239**

为他自己的行踪无定，他的家也常常迁居，直到现在，他没有一块私有的地，没有一宅私有的房子；甚至一辆自有的车。在南京，是住家在地质学会中，出房钱，替会里看屋子。刚才络续地置买了一点家俱，希望从此后可以一劳永逸地住下去，围院里的青草尚没有拔芽露青，我们伟大的二哥已经远故在长沙，不能再回来享受一刹那的安息了。他生前预立遗嘱后事须绝对简俭。数十年的事业，只落得数万本图书（已捐赠地质学会图书馆），保寿险的一点儿现款来赡养太太。他清廉的节操是外人难以知道的。提起他的病源来，一个科学家中煤毒也许会被人疑议；实在是他的嗅觉自幼就有毛病，那年在上海撞车受伤的正又在鼻子上，他的嗅觉更不行了。既不能嗅得煤味，又何怪易于中毒呢？他在时，我们并没有觉得他有如何伟大，然而，他去了，我们才觉得他对于我们的印象多深，多大！他的面影更明显地在我们的眼膜前，在我们的四围。我们只能依着这一点渺茫的恋念，努力我们的前程。愿二哥在天之灵，能接受这点我们对过去种种的忏悔。

珊敬书于一月六日晚

（原载《国闻周报》第十三卷第四期，民国二十五年一月二十日）

忆丁文江先生
——并记其对于铁路的意见

凌鸿勋

丁在君先生以地质专家，负一时学术界重望，对于国事复独具其怀抱，乃方将大用之际，突以意外致疾而死，死时年才四十有九，而其意外致疾又系出于我所招待之行馆。今先生殁二十有一年矣，追怀往事，自不胜其悲怆。

在君先生长余约五六岁，余等订交乃在民国十一年同旅居北平之时。其后先生出主沪政，余方长上海交通大学（其时称南洋大学），乃得时相过从。民十七，余于役于广西之苍梧，先生适在西南勘察事毕，道出苍梧，班荆道故，乐乃无极。当其由梧搭乘轮船赴港，已将所采集各种标本数十箱送至码头，乃为关吏所留难，时距轮船开行只半小时。余为驰赴梧州关解释，始及时取得签证放行。嗣后每与先生晤及，辄道其当日遑遽与狼狈的情况。自后余远处关中，从事于陇海铁路之西展，偶与先生晤及，辄纵谈铁路建设之事，以筑路成本甚重，而国家经济枯竭，必须以最小之资本，先筑经济能力最大之路。先生对于铁路经营深感兴趣，此中乃有两个原因：第一，先生为地质专家，足迹所经遍及长江流域与西南各省，于山川形势，民生情况，了如指掌。先生每与余晤及，必与谈今后新路路线选择之事，若者为山川所限，若者值得测勘，若者为经济所不许，尝予测路队有极具价值的启示。第二，先生研究地质甚注意于煤矿之蕴藏与其开发，而大量之煤矿必须藉铁路以求输出，同时铁路路线亦须开发煤藏，俾得廉价的燃料与大量的货运，两者不可分离，于是先生一面探矿，一面即连带想到铁路问题，对于铁路之兴趣自无怪其然。

余于民国二十四年主持粤汉铁路之兴筑，行将告成，以湘南矿产素丰，究何者宜于开采经营，应先有专门研究，方可公诸国人，俾利用此新运输大干线，以开发沿线资源，曾与先生讨论之，拟请其代觅专家莅临探勘，先生欣然允为助。是年十二月初，余在衡阳得铁道部顾部长孟馀先生来电，谓已约在君先生赴沿线探查可以开发之煤矿，嘱妥为招待。余对于其能亲自莅临，至为兴奋。十二月八日先生自谭家山矿场行抵衡阳，欣然道故，愉快之状为苍梧以后第一次。是日为星期日，相约于翌日同赴耒阳马田墟一带勘察。余馆先生于工程局之招待所，即邀其视察耒河桥工，旋憩于苗圃之嘉树轩，两人对茗，相与讨论沿线煤矿之情况。先生以为湘南虽多煤，然苟非靠近路线者，则运输成本较重。举其距路最近，而又较有开采价值者，则湘潭有谭家山，耒阳有马田墟，宜章有杨梅山，乐昌有狗牙洞等处。其中谭家山煤可以炼焦，马田墟一带为华南最大之煤田，距路至近，惟系无烟煤，杨梅山与狗牙洞两处情形则尚待研究，嘱余将此四处产煤各取十数吨试用以资参考。先生于讨论煤矿之余，即转而纵论国家之事，以为吾辈亟宜有以自奋，趁此盛壮之年急起苦干，为国家建事业，为后学树楷模，每以岁月蹉跎，新路不能多展为叹，言下颇致责备贤者之意。余自识先生以来，其态度之诚挚，谈锋之雄健，无逾此者。

八日晚间先生留余家便饭，九时送其回招待所。招待所为一小洋式房屋，所以备宾客往来者。是晚同住尚有中国旅行社港、粤两经理，此两君定翌晨赴长沙，而在君先生则约于翌晨八时与余同赴耒阳。翌晨七时半余扣先生户，知尚未起，招待所工友则谓已久撼而未醒也。时天甚寒冷，卧室中有壁炉，曾于先一日下午生火，工友谓先生睡时曾嘱多加煤，并将所有气窗关闭，于是同人决为中毒，且察其枕下之安眠药瓶少去三片，想系夜睡过熟中毒不觉。因一面由铁路医院医师施以急救，一面召教会仁济医院美籍布医师诊治，并电知长沙教育厅长朱君经农觅一良医来衡。

九日午间先生由招待所移往仁济医院，是晚长沙湘雅医院杨济时医生赶到，而在君先生尚昏迷不醒，至翌日始醒转过来。时翁君咏霓已偕医师自南京飞长沙转车到衡，在君先生已能言语，且尽忆前事，相与大慰。同人以衡地医院设备不周，因商定俟其稍痊即移长沙湘雅医院休养。十五日先生身体已大有进步，杨济时医师复来衡，以为可以移居湘雅，因由杨医师与铁路陈医师陪同先生赴长。余以工程逼迫，于先生赴长之翌日即南赴工次，旋在广州得杨医师书，谓先生进步甚好，肺部经X光检查甚为健全，数日后即可就愈，并知丁夫人已到长沙，余为之大慰。讵意先生于十二月廿三日起忽牵动旧恙，情形恶化，二十五年一月五日竟尔不起，殊出意料之外。余自先生迁长沙后，未及再与一面，世界少一学者，中国丧一导师，岂独个人哭一良友而已。

丁先生对于铁路之兴趣已如前述，而其实际参加工作与有具体的意见，则为兴筑川广铁路的建议。民国十八年春间铁道部曾组织西南地质调查队，原意在调查西南各省所拟兴筑铁路附近的地质矿产。其时丁先生即建议，除铁道部已经决定必勘的湘滇、滇粤两条铁路路线之外，应同时测勘从四川重庆到广西边界的路线。先生曾于民国十七年由广西南宁经过贵县、迁江、宜山等地到达河池，认为此一带修筑铁路并不困难。其时贵阳所修的公路干线向南已过独山以南，向北已到桐梓。贵州修路完全是征发民工，所用工具亦极简陋，既可以修公路，想来要修铁路也不至困难。假如重庆、桐梓之间，和独山、河池之间，工程上没有重大的障碍，从重庆经过桐梓、贵阳、独山、河池到广东广州湾就是一条四川出海的天然路线。

当时得到铁道部的同意，于调查地质之外，同时测勘上面所说的路线。所以组织调查队的时候，除丁先生及地质调查所的技师外，还约了一位土木工程师和一个测地夫的班长同行。计由重庆起经綦江、松坎、桐梓、遵义、贵阳、独山、河池、宜山、大塘，以至迁江，均经实地踏勘，由迁江经贵阳到广州湾的西营则以地势极为平易，且株钦铁路测量队曾经测过，所有地形及里程都有详细的纪录，丁先生一行遂未亲往覆勘。

此路沿线的详细情形及建筑费预算与营业估计见民国二十年地质调查所所刊丁先生之《川广铁路路线初勘报告》，兹不赘述。惟在君先生对于西南铁路的海港问题，颇有其卓见，以为广东省境内的海港可以供铁路出口的研究计有四处：一为广州附近的黄埔，一为中山县的唐家湾，一为钦县的龙门港，一为广州湾的西营。此四处港口中，唐家湾和黄埔相距不远，为研究铁路出口起见，两港可认为一港。唐家湾岸边有四十英尺深的水，埠头长有两公里以上，但是离港十六公里以外，水深不过二十英尺，如要筑大港还要时常挖浚。黄埔平均有三十英尺以上的水，但是港外三十多公里，水深不过二十五英尺，也须常川挖浚。龙门港港口有很浅的滩，水深不到十英尺，港内水亦很浅，远不如唐家湾与黄埔。广州湾里面水深在四十英尺左右，港外浅滩也有二十五英尺以上的水，所以单以港水的深浅论，广州湾是广东境内最好的海港。从前株钦铁路的计画原以龙门港为终点，后来研究结果，知龙门港不适用，所以也把路线改为从贵县到西营。

丁先生还以为黄埔与唐家湾都是在计画中的新港，若由四川出海的铁路也以此两港之一为终点，则路线到了贵县以后，须沿着西江东行，路程比较贵县到西营要远到一倍以上。而且肇庆以上西江的支流很多，桥工繁重，且有许多削壁如羚羊峡等处，必须大量凿石，颇为困难。肇庆以下到了西江三角洲，处处遇见洼地，桥工又必较多，所以贵县到黄埔或唐家湾的工程费比贵县到西营一定要贵到四五倍，而且使重庆到海港的距离要远到二百公里以上。黄埔应是粤汉铁路的终点，是供给湖北、湖南、广东三省的海港，而且所建议的路线则是供应四川、贵州、广西三省之用，所以不必要与粤汉铁路用同一个终点港。至于西营的港将来与黄埔或唐家湾之发展两不相妨，正如有了上海，不妨再有海州一样。丁先生认为广州湾当时虽然还在法国手中，但迟早一定可以收回，且正可以指出广州湾与西南铁路的关系，引起国民注意，促进收回的成功。

丁先生认为铁道部对西南各省的铁路路线虽预拟有几条，其中且有定过借款合同的路线，今若加以比较，须先认识几个前题：（1）要开发西南几省，首先要使这几省有一条通海的铁路。在海口未通以前先修联络该区的内地路线是不经济的。（2）云南、贵州、广西三省人口很稀，出产不多，且多属山地，无论修任何一条铁路，建筑费一定很大，单把这几省和海口联络起来决不能获利。滇越铁路以一公尺狭轨，尚且费钜大的建筑费，而营业余款不够应付利息，可为殷鉴。所以经过这几省的路一定要一头通海，一头通一个富庶的省份，方为经济。(3)四川是西南惟一的富庶省份，如有一条铁路直通海口，一定可以获利。此路所经如贵州、广西比较穷苦的省份，也可以连带发达起来。(4)要使四川有出海口的路，当然要找一条与海口距离最近，而工程比较容易之路，先行修筑。所以丁先生以为为开发西南计，川广铁路是惟一的经济路线，并相信西南几省将来没有铁路则已，要有铁路必定是他所建议的川广路。丁先生对于西南一区的路线从整个经济的打算及其对于出海港口的建议确有其卓见。

先生殁于民国二十五年一月，其后一年湘桂铁路之衡阳桂林段先动工。未几，抗战事起，桂林至柳州，柳州至南宁，及南宁至镇南关各段均先后动工，以期接通越南，利用海防港口。其时余正主持此路之修筑，特由柳州南宁间之黎塘站筑一支路至贵县，以为他日由贵县展筑至广州湾之先导。同时黔桂铁路开始在柳州兴筑，先后通至宜山、独山与都匀，所有黔桂省界一段困难工程经已克复。先生殁后不到十年，中法两国政府在重庆签订交收广州湾租借地条约，我国收回广州湾以后，设湛江市，交通部因决将黎塘至贵县之支线延长，设黎湛段工程处，继续兴筑由贵县经兴业、郁林而至湛江之铁路，并在西营建筑港口与码头，其计画乃与在君先生所建议者完全相符。

至于重庆至贵阳之路线，亦经于民国三十三年根据先生之建议，再有川黔铁路测量队的组织，为渝筑线的踏勘初测。以桐梓至綦江一段路线非常曲折，工程颇为困难，故又测一隆筑线，由成渝铁路以隆昌起，接至泸县，过长江，在桐梓之南与渝筑线会合而至贵阳。此两线虽各有其局部的意义，然皆联接四川腹地与海港；此段路线将来光复大陆后势所必筑，是丁先生之川广计画不难全部完成。将来天成铁路接通以后，此川广铁路更为由西北通至西南出海的大动脉之一大段，其重要性更可想见。

在君先生学问渊博，思想敏锐，谈锋雄健，为识者所习知。其对于地质学上的贡献自有其地位与纪录，惟对于铁路路线的见解与其曾参与的工作，则不但识者所少知，即交通界人士恐亦不尽深知，及今忆述则余何能辞其责。

编者按：凌鸿勋先生的《悼丁在君先生》，与《忆丁文江先生》二文，内容大致相同；后者比前者约多三千多字，并详记丁先生对于铁路之意见。本社为保存史料，一并选录，读者当不厌其重复也。

（原载《畅流》半月刊第十五卷第一期，一九五七年二月十六日）

纪念丁在君先生

陈伯庄

第一位走到台前肃穆而沉重地仰视遗像之后深深一鞠躬致祭的即为今总统蒋介石先生。遗像栩栩如生。脸形尖削横着一匹浓厚的"仁丹"胡子，双目炯炯，向人谛视，仿佛还要断然无疑地向人发挥他的伟论似的，令人感觉到他手上还捻着一枝吸到一半的大雪茄烟呢。这就是张君劢先生常说"在君总是那么dogmatic的"丁文江在君先生的遗像。当年蒋先生自任行政院，预先约定了在君当铁道部长，未发表前他不幸地在粤汉路株韶段工程局衡阳官舍一夜间中了煤炉炭气的窒塞，医救无效竟作古人了。他死的一年前曾对我说："伯庄，我们学科学的，该重视统计平均statistical average。我丁家男子，很难过五十岁的，而我快到五十了。"谈到生活需要，他曾说："凡要一个机器充份发挥它最高可能的效率，便该给以充份而适当的保养。人为社会服务，应该于可能最长期内发挥他的效能。起居饮食虽不可奢侈，尤不可过于自菲，损削了这机器的保养维持。伤害到摄卫的自菲是对社会不起的。"有一次论到中医，我坚持中药具有实验效用，在君极不耐烦。我说："假如你到穷乡僻壤考探地质，忽然病了，当地无一西医，更无西药，你会让中医诊治你吗？"他断言回答说："不！不！科学家不得自毁其信仰的节操，宁死不吃中药不看中医。"当我坐在台下参加这一追悼会之时，遗像对着我双目炯炯发光，这一些平时零星闲话都由回忆而涌到心头了。

胡适之和翁文灏都先后到台上各自致了追悼词。翁说不到三几句话便嘴扁眼红啜泣起来了。他俩是地质调查所的老搭档，所以翁便缕述了在君运用古生物学在调查中国地质上的贡献。适之先生的致词，引了在君平时自评的话儿："我们是治世之能臣，乱世之饭桶。"当时坐在我旁的是今已亡故的劳少勉。其时少勉是北宁铁路副局长，是一个很有干才而行规蹈矩的朋友，他听了这两句话特别伤心。他又爱做诗，隔三两天他便本着在君这话头的意思写了一首诗给我看。当时我认为一个民国公民，不应再存有这样的观念，于是我做了一首《君道篇》答少勉（见《愚园诗草》）。

四分之一个世纪之前，敢于作此豪语，而今则"潦水尽而寒潭清"了。

诗尽管这样做，而我端的不是乱世之饭桶吗？当年台上致词的胡适之和翁文灏，一个隐居东美赢得中共"清算胡适思想"的光荣。中共以适之为思想上最大的敌人，敌人的反对，便客观地表示了适之先生的伟大。的确，历史是公道的。而另一个，却令人有"欲吊薛涛怜梦断，墓门深更阻侯门"之感了。

我初识在君先生，由于张君劢先生的介绍。其时并由君劢认识了张东荪、蒋百里、徐新六、林长民诸先生。蒋、徐、林早已物故，东荪则陷在铁幕，无殊路隔人天。今年君劢七十寿辰，蒋匀田要我做了一篇寿文。而今年又是在君的七十阴寿，丁月波先生说我是他令兄的旧友，也该写一篇追念之文。我说我每想到在君常会想到新六，我连带写写新六可以吗？月波答，这再好不过。

由君劢而获识的丁、张、蒋、徐、林五人，其后友情渐深的便是在君、新六两位。新六温其如玉，在君皓若秋阳。而论事之洞辟，两人都有"百丈清潭数鲂鲤"的慧力。新六在上海长浙江兴业银行，我向他请教直至一九三六年止。这十余年间我常找他闲谈，关于中国经济，中国和国际资金市场，增加了不少的知识和了解。政治人事而外，常以实践的经济问题为谈话中心。俗话说"听君一夕话，胜读十年书"。新六给我对于中国和国际资金市场的知识，真是读十年书都读不到的。一九三八年新六乘民航机自香港飞汉口，甫离香港领空，即为日本敌机追击堕毁遇难。遇难的前一日，下午四时左右，我还和新六通电话，其时他住在告罗士打酒店，又前一两日我把我油印诗稿一本送给他。电话上他说我的诗很有意思，明天搭飞机，拟带在手边作途中消遣读物。这是我听到新六声音的最后一次。

那次日机袭击，据一般判断认为是意在孙哲生的，当时孙正自苏联借得多少抗战军备归来，而港报载他将于是日乘机赴汉呢。

一九三四年蒋先生在庐山召开国防设计委员会会议。我和在君都是委员，在南京下关一同搭长江船赴九江。途中悠闲，谈话最多，有一下午泛论到人性问题，不记得是怎样的，两次给他抓着小辫子。一次在君说："伯庄，我们都是过了四十多岁的人，难道还不知道，人们做事，没有百分之百绝对为公的吗！还不知道君子小人截然分作两型，只是两个理想型而已吗！"又一次他说："你天生的是富于情感的诗人型，你不能够理智而客观的。"真的，我常常为理想愿望蒙蔽了理智，而又不够真感做一个好诗人，只是一个乱世之饭桶而已。

在事务上的接触，我和在君只有一次。那是一九二八年孙哲生任铁道部长的时候，派我当建设司长，负新路计划与建筑的责任。我觉得计划新线除工程上的研测之外，首先要研究它的政治上军事上和经济上的功用和价值。沿线资源是要敦请专家研究的。在此前几年我早已领教过在君对西南地形和地质基于实际经验的伟论，于是我向孙先生建议请在君来担任西南川、黔、滇，和东南浙、赣、闽沿计划线作地质调查。哲生厉色向我说："为什么推荐一个反革命的脚色！"（在君于国民革命军未到江南前，在孙传芳统治下当上海市总办。）我说："建设要请教技术领袖高明专家才是。"我终于胜利了。在君一到南京，哲生请他吃饭。在君的才华议论即席光焰夺人。一时宾主如鱼水之欢。这是在君先生的伟大，也是哲生先生的伟大。"白头宫女谈天宝"，话不愿说下去了。

只有一句话还没有交代，君劢先生说："在君总是那样武断的！"这话，又令我回忆到当年他们两位老友的科玄激战，各抒鸿文的盛事。

（原载陈伯庄《卅年存稿》，一九五九年八月）